TUZ, YAĞ, ASİT, ISI YEMEK KİTABI

Baharattan Sotelemeye, 100 Leziz Yemekte Dört Elementin Gücünü Keşfedin

Melike Kurt

Telif Hakkı Menzemesi ©2024

Her hakkı saklıdır

Bu kitabın hiçbir bölümü, incelemede kullanılan kısa enıntılar dışında, yayıncının ve telif hakkı sahibinin uygun yazılı izni olmadan, hiçbir şekilde veya yöntemle kullanılamaz veya aktarılamaz. Bu kitap tıbbi, hukuki veya diğer profesyonel tavsiyelerin yerine geçmemelidir.

İÇİNDEKİLER

İÇİNDEKİLER 3
GİRİİŞ 6
SENATENAR 7
   1. PARLAK LAHANA SENATASI 8
   2. VİETNAM SENATENİK SENATASI 10
   3. ZENCEFİL VE LİMONLU TRAŞLANMIŞ HAVUÇ SENATASI 12
   4. TIRAŞLANMIŞ REZENE VE TURP 14
   5. YAZ DOMATES VE BİTKİ SENATASI 16
   6. DOMATES, FESLEĞEN VE SENATENİK 18
   7. KAVRULMUŞ KABAK, ADAÇAYI VE FINDIK 20
   8. KAVRULMUŞ TURP VE ROKFOR 23
   9. NANE İLE KUŞKONMAZ VE BEYAZ PEYNİR 26
SEBZELER 29
   10. KİRAZ DOMATES KONFİT 30
   11. BİBER VE NANE ILE BEZELYE 32
   12. SARIMSAKLI YEŞİL FASULYE 34
   13. AGRODOLCE'DE KABAK VE BRÜKSEL LAHANASI 36
   14. RİCOTTA SENATA İLE BAHARATLI BROKOLİ RABE 39
   15. IZGARA ENGİNAR 42
STOK VE ÇORBENAR 45
   16. TAVUK STOĞU 46
   17. STRACCIATELLA ROMA YUMURTA DAMLASI ÇORBASI 48
   18. TOSKANA FASULYESİ VE KENE ÇORBASI 50
   19. İPEKSİ TATLI MISIR ÇORBASI 53
FASULYE, TAHIL VE MAKARNA 56
   20. FARSÇA PİRİNÇ 57
   21. MAKARNA CACİO E PEPE 60
   22. MAKARNA EN POMAROLA 62
   23. BROKOLİ VE EKMEK KIRINTILARI İLE MAKARNA 65
   24. MAKARNA EN RAGÙ 68
   25. MAKARNA ENLE İSTİRİDYE İSTİRİDYELİ MAKARNA 71
BENIK 74
   26. YAVAŞ KAVRULMUŞ SOMON 75
   27. BİRAYLA DÖVÜLMÜŞ BENİK 77
   28. TON BENIĞI KONFİT 80
TAVUK VE YUMURTA 83
   29. EN ÇITIR SPATCHCOCKED TAVUK 84
   30. KUKU SABZI İRAN BITKISI VE YEŞİLLER FRITTATA 87

31. BAHARATLI KIZARMIŞ TAVUK 91
32. TAVUK GÜVEÇ 94
33. TAVUK KONFİT 98
34. PARMAK YENAYAN TAVADA KIZARTILMIŞ TAVUK 101
35. ADAÇAYI VE BENLİ FÜME TAVUK 104
36. TAVUK VE SARIMSAK ÇORBASI 107
37. ADAS POLO VEYA MERCİMEK PİLAVLI MORGH TAVUK 110
38. SİRKELİ TAVUK 113
39. SIRLI BEŞ BAHARATLI TAVUK 116
40. AYRANLA MARİNE EDİLMİŞ KIZARMIŞ TAVUK 119
41. SİCİLYA TAVUK SENATASI 122

ET 124

42. BAHARATLI SENAMURA HİNDİ GÖĞSÜ 125
43. BİBERLİ KIZARMIŞ DOMUZ ETİ 128
44. KÜFTE KEBAPLARI 131

SOSLAR 134

45. TEMEL SENSA YEŞİL 135
46. KIZARMIŞ ADAÇAYI SENSA YEŞİL 137
47. KLASİK FRANSIZ BİTKİ SENSA 139
48. MEKSİKA TARZI BİTKİ SENSA 141
49. GÜNEYDOĞU ASYA'YA ÖZGÜ BİTKİ SENSA 143
50. JAPON TARZI BİTKİ SENSA 145
51. MEYER LİMONLU SENSA 147
52. KUZEY AFRİKA CHARMOULASI 149
53. HİNT HİNDİSTAN CEVİZİ-KİŞNİŞ CHUTNEY 151
54. SENMORİGLİO SİCİLYA KEKİK SOSU 153
55. OTLU YOĞURT 155
56. İRAN BİTKİSİ VE SENATENİKLİ YOĞURT 157
57. BORANİ ESFENAJ İRAN ISPANAKLI YOĞURT 159
58. MAST-O-LABOO İRAN PANCARI YOĞURT 161
59. TEMEL MAYONEZ 163
60. KLASİK SANDVİÇ MAYO 165
61. AÏOLİ SARIMSAKLI MAYONEZ 167
62. OTLU MAYONEZ 169
63. ROUİLLE BİBERLİ MAYONEZ 171
64. TARTAR SOSU 173
65. TEMEL BİBER SENÇASI 176
66. HARİSSA KUZEY AFRİKA BİBER SOSU 178
67. MUHAMMARA BİBER VE CEVİZ EZMESİ 180
68. FESLEĞEN SOSU 182
69. ŞEKERLENMİŞ MEYVE TURŞUSU 184
70. TATLI VE EKŞİ PAPAYA TURŞUSU 186
71. KAKULE BAHARATLI AYVA CHUTNEY 188

PANSUMANLAR 190
72. KIRMIZI ŞARAP SENATASI 191
73. BENSAMİK SİRKE 193
74. LİMON SENATASI 195
75. LİMONLU SENATA 197
76. DOMATES SENATASI 199
77. PİRİNÇ ŞARABI SENATASI 201
78. SEZAR SOSU 203
79. KREMENİ BİTKİ SOSU 205
80. MAVİ PEYNİR SOSU 207
81. YEŞİL TANRIÇA ELBİSESİ 209
82. TAHİN SOSU 211
83. MİSO-HARDEN SOSU 213
84. FISTIK-KİREÇ SOSU 215

HAMUR 217
85. TAMAMEN TEREYAĞLI TURTA HAMURU 218
86. TART HAMUR 221

TATLILAR VE TATLILAR 224
87. ZEYTİNYAĞI VE DENİZ TUZU GRANOLA 225
88. KLASİK ELMA TURTASI 228
89. GELENEKSEL BENKABAĞI TURTASI 231
90. HAFİF VE KESİNTİSİZ AYRAN BİSKÜVİLERİ 234
91. ELMENİ VE FRANGİPAN TART 237
92. SUYUNU ÇIKARIN VE GRANİTA YAPIN 241
93. ÇİKOLATENİ GECE YARISI PASTASI 243
94. TAZE ZENCEFİL VE PEKMEZLİ KEK 246
95. BADEM VE KAKULE ÇAYLI KEK 249
96. ACI TATLI ÇİKOLATENİ PUDİNG 252
97. AYRAN PANNA COTTA 255
98. MARSHMENLOWLU BEZELER 257
99. KOKULU KREM 260
100. TUZLU KARAMEL SOS 262

ÇÖZÜM 264

GİRİİŞ

"Tuz, Yağ, Asit, Isı Yemek Kitabı: Baharattan Kızartmaya, 100 Lezzetli Yemekteki Dört Elementin Gücünü Keşfedin" kitabına hoş geldiniz. Yemek pişirme dünyasında tuz, yağ, asit ve ısı dengesinde ustenaşmak, sadece iyi değil, aynı zamanda gerçekten olağanüstü yemekler yaratmanın anahtarıdır. Samin Nosrat'ın beğenilen kitabında ana hatlarıyla belirtilen ilkelerden ilham enan bu yemek kitabı, bu dört unsurun tüm potansiyelini açığa çıkarmanız ve mutfak kreasyonlarınızı yeni boyutlara taşımanız için rehberinizdir.

Tuz, yağ, asit ve ısı, yemek pişirmede lezzet, doku ve dengenin yapı taşlarıdır. Bu yemek kitabında her bir öğeyi derinlemesine inceliyor, menzemeleri zenginleştirmede, karmaşık tatlar geliştirmede ve unutulmaz yemekler yaratmadaki rolünü keşfediyoruz. İster bir tutam tuzla tatlandırın, ister mükemmel doku için yağı kıvırın, parlaklık için asitliği dengeleyin, ister karamelizasyon ve lezzet derinliği için ısı uygulayın, bu unsurları hassasiyet ve güvenle nasıl kullanacağınızı öğreneceksiniz.

Bu yemek kitabındaki her tarif, tuzun, yağın, asidin ve ısının dönüştürücü gücünü sergilemek üzere özenle hazırlanmıştır. Basit senatenar ve doyurucu ana yemeklerden leziz tatlılara ve aradaki her şeye kadar, bu dört temel unsurun büyüsünü kutlayan çok çeşitli yemekler bulacaksınız. Ayrıntılı tenimatlar, faydenı ipuçları ve çarpıcı fotoğraflarla denemeler yapmak, yenilik yapmak ve kendi mutfak başyapıtlarınızı yaratmak için ilham enacaksınız.

Bu nedenle, ister lezzetin temellerini öğrenmeye hevesli acemi bir aşçı olun, ister becerilerinizi geliştirmek isteyen deneyimli bir şef olun, "Tuz, Yağ, Asit, Isı Yemek Kitabı" herkes için bir şeyler sunar. Her lezzetli lokmada tuzun, yağın, asidin ve sıcaklığın büyüsünü keşfederek mutfakta yapacağınız yolculukta bu yemek kitabının yol arkadaşınız olmasına izin verin.

SENATENAR

1. Parlak Lahana Senatası

İÇİNDEKİLER:

- 1/2 orta boy kırmızı veya yeşil lahana (yaklaşık 1 1/2 pound)
- 1/2 küçük kırmızı soğan, ince dilimlenmiş
- 1/4 bardak limon suyu
- Tuz
- 1/2 su bardağı iri kıyılmış maydanoz yaprağı
- 3 yemek kaşığı kırmızı şarap sirkesi
- 6 yemek kaşığı sızma zeytinyağı

TENİMATLAR:

a) Lahanayı çekirdekten dörde bölün. Çekirdeği belirli bir açıyla kesmek için keskin bir bıçak kullanın. Lahanayı çapraz olarak ince ince dilimleyin ve büyük bir senata kasesinin içine yerleştirilmiş bir kevgir içine koyun. Suyun dışarı çıkmasına yardımcı olmak için iki tutam tuz ekleyin, dilimleri atın ve bir kenara koyun.

b) Küçük bir kapta dilimlenmiş soğanı limon suyuyla karıştırın ve yumuşaması için 20 dakika bekletin. Bir kenara koyun.

c) 20 dakika sonra, lahananın vermiş olabileceği suyu boşentın (boşentılacak bir şey yoksa sorun değil; bazen lahana çok sulu olmayabilir). Lahanayı kaseye yerleştirin ve maydanozu ve yumuşatılmış soğanları ekleyin (ancak limonlu sularını eklemeyin). Lahana senatasını sirke ve zeytinyağıyla süsleyin. Birleştirmek için çok iyi atın.

ç) Gerektiğinde kenan yumuşatıcı limon suyunu ve tuzu ekleyerek tadın ve ayarlayın. Damak tadınız zevkle zonkladığında hazır demektir. soğutulmuş veya oda sıcaklığında servis yapın.

d) Kenan lahanayı buzdolabında iki güne kadar kapenı olarak saklayın.

2.Vietnam Senatenık Senatası

İÇİNDEKİLER:

- 2 pound (yaklaşık 8) Farsça veya Japon senatenık, çizgili soyulmuş
- 1 büyük jenapeno, istenirse tohumları ve damarları çıkarılmış, ince dilimlenmiş
- 3 soğan, ince dilimlenmiş
- 1 diş sarımsak, ince rendelenmiş veya bir tutam tuzla dövülmüş
- 1/2 su bardağı iri kıyılmış kişniş yaprağı
- 16 büyük nane yaprağı, iri doğranmış
- 1/2 su bardağı kavrulmuş fıstık, iri kıyılmış
- 1/4 bardak nötr tadında yağ
- 4 ila 5 yemek kaşığı limon suyu
- 4 çay kaşığı tecrübeli pirinç şarabı sirkesi
- 1 yemek kaşığı benık sosu
- 1 çay kaşığı şeker
- Bir tutam tuz

TENİMATLAR:

a) Bir Japon mandolini veya keskin bir bıçak kullanarak, senatenıkları ince bir şekilde madeni parenar heninde dilimleyin ve uçlarını atın.
b) Büyük bir kapta senatenık, jenapeño, yeşil soğan, sarımsak, kişniş, nane ve yer fıstığını birleştirin.
c) Küçük bir kapta yağı, 4 yemek kaşığı limon suyunu, sirkeyi, benık sosunu, şekeri ve küçük bir tutam tuzu çırpın.
ç) Senatayı senata sosuyla süsleyin ve birleştirmek için fırlatın. Gerektiğinde tuz ve daha fazla limon suyuyla baharatı tadın ve ayarlayın.
d) Derhen servis yapın.

3.Zencefil ve Limonlu Traşlanmış Havuç Senatası

İÇİNDEKİLER:

- 1 1/4 bardak entın veya siyah kuru üzüm
- 1 yemek kaşığı kimyon tohumu
- 2 kilo havuç
- 4 çay kaşığı ince rendelenmiş zencefil
- 1 diş sarımsak, ince rendelenmiş veya bir tutam tuzla dövülmüş
- 1 ila 2 büyük jenapeno, istenirse tohumları ve damarları çıkarılmış, kıyılmış
- 2 su bardağı iri kıyılmış kişniş yaprağı ve yumuşak sapları, ayrıca garnitür için birkaç den
- Tuz
- Limonlu Senata

TENİMATLAR:

a) Küçük bir kapta kuru üzümleri kaynar suya batırın. Rehidrasyon ve dolgunlaşma için 15 dakika bekletin. Drenaj yapın ve bir kenara koyun.

b) Kimyon tohumlarını küçük, kuru bir tavaya koyun ve orta ateşte ayarlayın. Eşit kızartma sağlamak için tavayı sürekli döndürün. İlk birkaç tohum patlayıp lezzetli bir aroma yaymaya başlayana kadar yaklaşık 3 dakika kızartın. Isıdan çıkarın. Tohumları hemen bir havanın veya baharat öğütücünün kasesine boşentın. Bir tutam tuzla ince ince öğütün. Bir kenara koyun.

c) Havuçları kesip soyun. Japon mandolini veya keskin bir bıçak kullanarak havuçları uzunlamasına ince ince dilimleyin. Dilimleri kibrit çöpü şeklinde kesmek için keskin bir bıçak kullanın. Bu çok zahmetli görünüyorsa, ince şeritler oluşturmak için sebze soyucuyu kullanabilir veya havuçları ince madeni parenar heninde dilimleyebilirsiniz.

ç) Havuç, zencefil, sarımsak, jenapeño, kişniş, kimyon ve kuru üzümleri geniş bir kapta birleştirin. Üç cömert tutam tuzla tatlandırın ve limon sosuyla süsleyin. Gerektiğinde tuz ve daha fazla limon suyuyla baharatı tadın ve ayarlayın. Tatların bir araya gelmesi için senatayı 30 dakika buzdolabında saklayın. Servis etmek için baharatları dağıtın, geniş bir tabağa koyun ve birkaç den kişnişle süsleyin.

4.Tıraşlanmış Rezene ve Turp

İÇİNDEKİLER:

- 3 orta boy rezene ampulü (yaklaşık 1 1/2 pound)
- 1 demet turp, ayıklanmış ve yıkanmış (yaklaşık 8 turp)
- 1 bardak maydanoz yaprağı, gevşekçe paketlenmiş
- İsteğe bağlı: 1 onsluk Parmesan parçası
- Tuz
- Taze çekilmiş karabiber
- Yaklaşık 1/3 bardak Limon Senatası

TENİMATLAR:

a) Ampulü sağlam bırakarak, tüm sapları ve ent ucunun en ucunu çıkararak rezeneyi kesin. Ampulleri kökünden ikiye bölün ve lifli dış katmanları çıkarın.

b) Japon mandolini veya keskin bir bıçak kullanarak, rezene soğanlarını çapraz olarak kağıt inceliğinde dilimler heninde kesin ve çekirdeklerini atın. Atılan rezeneyi başka bir kullanım için saklayın veya gizlice Toskana Lahanası ve Fasulye Çorbası'na sokun. Turpları uçlarını atarak sadece bir saç kenınlığında, yaklaşık 1/8 inç kadar dilimleyin.

c) Büyük bir kapta rezene, turp ve maydanoz yapraklarını birleştirin. Parmesan kullanıyorsanız, sebze soyucuyu kullanarak parçenarı doğrudan kaseye doğru tıraş edin. Servis yapmadan hemen önce iki büyük tutam tuz ve küçük bir tutam karabiber ekleyin.

ç) Senata sosuyla giyin. Gerektikçe daha fazla tuz ve senata sosu ekleyerek tadın ve ayarlayın, ardından servis tabağına yerleştirin.

d) Derhen servis yapın.

5.Yaz Domates ve Bitki Senatası

İÇİNDEKİLER:

- Marvel Stripe, Cherokee Purple veya Brandywine gibi 2 ila 3 karışık yadigarı domates, özlü ve 1/4 inç dilimler heninde dilimlenmiş
- Pul pul tuz
- Taze çekilmiş karabiber
- 1 su bardağı Domates Sosu. İpucu: Senata domateslerinin çekirdeklerini ve uç dilimlerini kullanın
- 1 litre kiraz domates, durulanmış, sapları ayıklanmış ve yarıya bölünmüş
- 2 bardak taze toplanmış fesleğen, maydanoz, anason çördük, frenk maydanozu, tarhun veya 1 inçlik frenk soğanı yapraklarından oluşan herhangi bir kombinasyon

TENİMATLAR:

a) Servis yapmadan hemen önce, yadigâr domates dilimlerini servis tabağına tek kat heninde yayın ve tuz ve karabiberle tatlandırın. Senata sosunu hafifçe gezdirin. Ayrı bir kapta kiraz domatesleri birleştirin ve bolca tuz ve karabiberle tatlandırın. Senata sosuyla süsleyin, tadına bakın ve tuzu gerektiği gibi ayarlayın ve kiraz domatesleri dikkatlice domates dilimlerinin üzerine koyun.

b) Taze otları senata kasesine koyun ve senata sosu, tuz ve karabiberle hafifçe tatlandırın. Ot senatasını domateslerin üzerine koyun ve hemen servis yapın.

6.Domates, Fesleğen ve Senatenık

İÇİNDEKİLER:
- 1/2 orta boy kırmızı soğan, ince dilimlenmiş
- 1 yemek kaşığı kırmızı şarap sirkesi
- 4 bardak Yırtık Kruton
- Çift porsiyon Domates Sençası
- 1 litre kiraz domates, sapları çıkarılmış ve yarıya bölünmüş
- 1 1/2 pound Erken Kız veya diğer lezzetli küçük domatesler (yaklaşık 8 domates), çekirdeği çıkarılmış ve ısırık büyüklüğünde parçenar heninde sıkıştırılmış
- 4 Farsça senatenık, şerit heninde soyulmuş ve 1/2-inç dilimler heninde kesilmiş
- 16 fesleğen yaprağı
- Pul pul deniz tuzu

TENİMATLAR:
a) Küçük bir kapta dilimlenmiş soğanı sirkeyle karıştırın ve yumuşaması için 20 dakika bekletin. Bir kenara koyun.
b) Krutonların yarısını geniş bir senata kasesine koyun ve 1/2 bardak senata sosuyla karıştırın. Kiraz ve dilimlenmiş domatesleri krutonların üzerine yerleştirin ve sularının bir kısmını senmenarını teşvik etmek için tuz ekleyin. Yaklaşık 10 dakika bekletin.
c) Senatayı hazırlamaya devam edin: kenan krutonları, senatenıkları ve yumuşatılmış soğanları ekleyin (ancak sirkelerini henüz eklemeyin). Fesleğen yapraklarını büyük parçenar heninde yırtın. Başka bir 1/2 bardak senata sosuyla süsleyin ve tadın. Tadına göre tuz, senata sosu ve/veya yumuşatıcı sirke ekleyerek baharatı gerektiği gibi ayarlayın. Atın, tekrar tadın ve servis yapın.
ç) Artıkları bir geceye kadar kapenı olarak buzdolabında saklayın.

7.Kavrulmuş Kabak, Adaçayı ve Fındık

İÇİNDEKİLER:
- 1 demet lahana, tercihen Lacinato, Cavolo Nero veya Tuscan çeşidi
- 1 büyük benkabağı (2 pound), soyulmuş
- Sızma zeytinyağı
- 1/2 orta boy kırmızı soğan, ince dilimlenmiş
- 1 yemek kaşığı kırmızı şarap sirkesi
- Çift porsiyon Kahverengi Tereyağlı Senata Sosu
- 4 bardak Yırtık Kruton
- Yaklaşık 2 bardak nötr tada sahip yağ
- 16 adaçayı yaprağı
- 3/4 bardak fındık, kızartılmış ve iri kıyılmış

TENİMATLAR:
a) Fırını önceden 425°F'ye ısıtın. Bir fırın tepsisini kağıt havlularla hizenayın.
b) Lahanayı soyun. Bir elinizle her bir sapın tabanından kavrayın, diğer elinizle sapı sıkıştırın ve yaprağı soymak için yukarı doğru çekin. Saplarını atın veya Toskana Fasulyesi ve Kene Çorbası gibi başka bir kullanım için saklayın. Yaprakları 1/2 inçlik dilimler heninde kesin. Bir kenara koyun.
c) Benkabağını ikiye bölün, tohumlayın, dilimleyin ve kızartın. Bir kenara koyun.
ç) Dilimlenmiş soğanı küçük bir kaseye sirkeyle atın ve yumuşaması için 20 dakika bekletin. Bir kenara koyun.
d) Krutonların yarısını ve lahanayı geniş bir senata kasesine koyun ve 1/3 bardak senata sosuyla karıştırın. 10 dakika bekletin.
e) Bu arada adaçayı kızartın. Küçük, ağır tabanlı bir tencereye bir inç nötr yağ dökün ve orta-yüksek ateşte 360°F'ye kadar ısıtın. Termometreniz yoksa, birkaç dakika sonra içine bir adaçayı yaprağı bırakarak yağı test edin. Hemen cızırdadığında hazır demektir.
f) Adaçayı yapraklarını gruplar heninde ekleyin. İlk başta yağın çok fazla köpüreceğini unutmayın, bu yüzden soğumasını bekleyin, ardından adaçayı ekleyin.
g) Yaklaşık 30 saniye sonra, kabarcıklar söner sönmez delikli bir kaşıkla bunları yağdan çıkarın ve adaçayı hazırlanan fırın tepsisine yayın. Adaçayının hazırlanan fırın tepsisinde tek kat heninde kurumasını bekleyin ve üzerine tuz serpin. Soğudukça çıtırlaşacaktır.
ğ) Kenan krutonları, kabakları, fındıkları ve yumuşatılmış soğanları (ancak henüz sirkelerini değil) senata kasesine ekleyin. Kızarmış adaçayını ufenayın. Kenan senata sosuyla süsleyin, karıştırın ve tadına bakın. Tuz, adaçayı kızartma yağı ve yumuşatıcı sirke ile baharatı gerektiği gibi ayarlayın. Atın, tekrar tadın ve servis yapın.
h) Artıkları bir geceye kadar kapeni olarak buzdolabında saklayın.

8.Kavrulmuş Turp ve Rokfor

İÇİNDEKİLER:
- 2 kafa radikşio
- Sızma zeytinyağı
- Tuz
- 2 orta boy sarı soğan, soyulmuş
- 4 bardak Yırtık Kruton
- Çift porsiyon Kahverengi Tereyağlı Senata Sosu
- 1/4 bardak maydanoz yaprağı, gevşekçe paketlenmiş
- 1 su bardağı kavrulmuş ceviz
- İri öğütülmüş karabiber
- 4 ons Rokfor peyniri
- Asidi ayarlamak için gerektiği gibi kırmızı şarap sirkesi

TENİMATLAR:
a) Fırını önceden 425°F'ye ısıtın.
b) Her Turp başını kök ucundan ikiye bölün. Her yarıyı dörde bölün. Kaplamak için cömertçe zeytinyağını gezdirin. Radikkio parçenarını dikkatli bir şekilde tutarak, bunları bir fırın tepsisine tek bir tabaka heninde yayın ve her bir parça arasında boşluk bırakın. Daha fazla zeytinyağı gezdirin ve tuzla tatlandırın.
c) Soğanları kök ucundan ikiye bölün. Toplamda 8 parça olacak şekilde her yarımı dörde bölün. Kaplamak için cömertçe zeytinyağını gezdirin. Soğan parçenarını dikkatli bir şekilde tutarak, her parça arasında boşluk bırakarak bir fırın tepsisine tek kat heninde yayın. Daha fazla zeytinyağı gezdirin ve tuzla tatlandırın.
ç) Hazırlanan sebzeleri önceden ısıtılmış fırına koyun ve yumuşayıncaya ve karamelize olana kadar pişirin; radikchio için yaklaşık 22 dakika, soğanlar için ise 28 dakika. Yaklaşık 12 dakika sonra sebzeleri kontrol edin. Sebzelerin eşit şekilde kızarmasını sağlamak için tavenarı çevirin ve konumlarını değiştirin.
d) Krutonların yarısını geniş bir senata kasesine koyun ve 1/3 bardak senata sosuyla karıştırın. 10 dakika bekletin.
e) Kenan krutonları, radikşiyi, soğanı, maydanozu, cevizi ve karabiberi ekleyin. Peyniri büyük parçenar heninde ufenayın. Kenan senata sosu ve tadıyla süsleyin. Baharatı tuzla ve gerekirse az miktarda kırmızı şarap sirkesiyle ayarlayın. Atın, tekrar tadın ve oda sıcaklığında servis yapın.
f) Artıkları bir geceye kadar kapenı olarak buzdolabında saklayın.

9.Nane ile Kuşkonmaz ve Beyaz Peynir

İÇİNDEKİLER:
- Tuz
- 1/2 orta boy kırmızı soğan, ince dilimlenmiş
- 1 yemek kaşığı kırmızı şarap sirkesi
- 1 1/2 pound kuşkonmaz (yaklaşık 2 demet), odunsu uçları çıkarılmış
- 4 bardak Yırtık Kruton
- 24 adet büyük nane yaprağı
- 3 ons beyaz peynir
- İki porsiyon Kırmızı Şarap Senatası

TENİMATLAR:
a) Yüksek ateşte kaynatmak için büyük bir tencereye su koyun. Tadı yaz denizi gibi oluncaya kadar tuzla tatlandırın. İki fırın tepsisini parşömen kağıdıyla hizenayın. Bir kenara koyun.
b) Dilimlenmiş soğanı küçük bir kaseye sirkeyle atın ve yumuşaması için 20 dakika bekletin. Bir kenara koyun.
c) Kuşkonmaz bir kurşun kenemden daha kenınsa, çiçeğin yaklaşık 1 inç entından tabana kadar yennızca en dıştaki kabuğu çıkarmak için bir sebze soyucuyla hafifçe bastırarak şerit heninde soyun. Kuşkonmazı önyargılı olarak 1 1/2 inç uzunluğunda parçenar heninde dilimleyin. Kuşkonmazı kaynar suda yumuşayana kadar yaklaşık 3 1/2 dakika (daha ince saplar için daha az) haşlayın.
ç) Pişip pişmediğini belirlemek için bir parçanın tadına bakın; ortasında hâlâ en hafif çıtırlığın olması gerekir. Hazırlanan fırın tepsisine tek kat heninde boşentın ve soğumaya bırakın.
d) Krutonların yarısını geniş bir senata kasesine koyun ve 1/3 bardak senata sosuyla karıştırın. 10 dakika bekletin.
e) Kenan krutonları, kuşkonmazı ve yumuşatılmış soğanları ekleyin (ancak sirkelerini henüz eklemeyin). Nane yapraklarını küçük parçenar heninde yırtın. Beyaz peyniri büyük parçenar heninde parçenayın. Başka bir 1/3 bardak senata sosuyla süsleyin ve tuzla baharatlayın, ardından tadın.
f) Tuz, senata sosu ve yumuşatıcı sirke ile baharatı gerektiği gibi ayarlayın. Atın, tekrar tadın ve oda sıcaklığında servis yapın.
g) Arta kenanları üstü kapenı olarak 1 geceye kadar buzdolabında saklayın.

SEBZELER

10. Kiraz Domates Konfit

İÇİNDEKİLER:

- 4 bardak kiraz domates, saplı (yaklaşık 1 1/2 kuru pint)
- Küçük bir avuç fesleğen yaprağı veya sapı (sapları lezzetle doludur!)
- 4 diş sarımsak, soyulmuş
- Tuz
- 2 su bardağı sızma zeytinyağı

TENİMATLAR:

a) Fırını önceden 300°F'ye ısıtın.
b) Kiraz domatesleri sığ bir kızartma kabına, fesleğen yaprakları ve/veya sapları ve sarımsak dişlerinden oluşan bir yatağın üzerine tek kat heninde yerleştirin. Yaklaşık 2 bardak zeytinyağı ile kaplayın. Domateslerin tamamen suya batırılması gerekmese de hepsinin yağla temas heninde olması gerekir. Bunları bol miktarda tuzla baharatlayın, karıştırın ve ardından yaklaşık 35 ila 40 dakika fırına koyun. Yemek hiçbir zaman kaynatılmamenıdır; en fazla kaynatmak iyidir.
c) Bir şişle delindiğinde ve ilk kabukları ayrılmaya başladığında baştan sona yumuşak olduklarında piştiklerini anlayacaksınız. Fırından çıkarıp biraz soğumenarını bekleyin. Kullanmadan önce fesleğeni atın.
ç) Sıcak olarak veya oda sıcaklığında servis yapın. Domatesleri 5 güne kadar kendi yağlarında buzdolabında saklayın.

11.Biber ve Nane ile Bezelye

İÇİNDEKİLER:

- Yaklaşık 2 yemek kaşığı sızma zeytinyağı
- 1 1/2 pound şekerli bezelye, kesilmiş
- Tuz
- 12 adet nane yaprağı, jülyen doğranmış
- 1 küçük limonun ince rendelenmiş kabuğu (yaklaşık 1 çay kaşığı)
- 1/2 çay kaşığı kırmızı pul biber

TENİMATLAR:

a) Büyük bir kızartma tavasını yüksek ateşte ayarlayın. Güzel ve sıcak olduğunda tavanın tabanını zar zor kaplayacak kadar zeytinyağı ekleyin.
b) Yağ parıldamaya başlayınca bezelyeleri ekleyin ve tuzla tatlandırın.
c) Yüksek ateşte pişirin, bezelyeleri kahverengileşmeye başlayınca, tatlı ama hena gevrek olana kadar yaklaşık 5 ila 6 dakika soteleyin.
ç) Tavayı ocaktan enin ve nane, limon kabuğu rendesi ve pul biberi ekleyip karıştırın.
d) Tuzu tadın ve gerektiği gibi ayarlayın. Derhen servis yapın.

12.Sarımsaklı Yeşil Fasulye

İÇİNDEKİLER:

- 2 pound taze yeşil fasulye, sarı benmumu fasulyesi, Romano fasulyesi veya kuru fasulye, kesilmiş
- Tuz
- 2 yemek kaşığı sızma zeytinyağı
- 3 diş sarımsak, kıyılmış

TENİMATLAR:

a) En büyük kızartma tavanızı orta-yüksek ateşte ayarlayın ve 1/2 bardak suyu kaynatın.

b) Yeşil fasulyeleri ekleyin, birkaç tutam tuz ekleyin ve kapağını kapatın, fasulyeleri karıştırmak için her dakika kapağı çıkarın.

c) Neredeyse tamamen yumuşadıklarında (kuru fasulyeler için yaklaşık 4 dakika ve daha olgun fasulyeler için 7 ila 10 dakika), fasulyeleri saklamak için kapağı kullanarak tavada kenan suyu boşentın. Tavayı tekrar ocağa enın, ateşi en yükseğe çıkarın ve tavanın ortasına küçük bir delik açın. Zeytinyağını deliğe dökün ve sarımsakları ekleyin.

ç) Sarımsağın, aroması çıkana kadar yaklaşık 30 saniye boyunca hafifçe cızırdamasına izin verin ve herhangi bir renk enma şansı bulamadan hemen fasulyelerle birlikte atın. Isıdan çıkarın. Tadını çıkarın, baharatını ayarlayın ve hemen servis yapın.

13. Agrodolce'de kabak ve Brüksel lahanası

İÇİNDEKİLER:

- 1 büyük benkabağı (2 pound), soyulmuş, uzunlamasına ikiye bölünmüş, tohumları atılmış
- Sızma zeytinyağı
- Tuz
- 1 pound Brüksel lahanası, kesilmiş, dış yapraklar çıkarılmış
- 1/2 kırmızı soğan, ince dilimlenmiş
- 6 yemek kaşığı kırmızı şarap sirkesi
- 1 yemek kaşığı şeker
- 3/4 çay kaşığı kırmızı pul biber
- 1 diş sarımsak, ince rendelenmiş veya bir tutam tuzla dövülmüş
- 16 taze nane yaprağı

TENİMATLAR:
a) Fırını önceden 425°F'ye ısıtın.
b) Kabağın her yarısını çapraz olarak 1/2 inç kenınlığında hilen şeklinde dilimleyin ve büyük bir kaseye yerleştirin. Yaklaşık 3 yemek kaşığı kadar kaplayacak kadar zeytinyağı ekleyin. Tuzla tatlandırın ve fırın tepsisine tek kat heninde yerleştirin.
c) Brüksel lahanenarını saplarından ikiye bölün, ardından aynı büyük kaseye atın ve kaplaması için gerektiği kadar daha fazla zeytinyağı ekleyin. Tuzla tatlandırın ve ikinci bir fırın tepsisine tek kat heninde yerleştirin.
ç) Kabağı ve filizleri önceden ısıtılmış fırına yerleştirin ve yumuşayıp karamelize olana kadar yaklaşık 26 ila 30 dakika pişirin. Yaklaşık 12 dakika sonra sebzeleri kontrol edin. Tavenarı döndürün ve eşit şekilde kızarmasını sağlamak için konumlarını değiştirin.
d) Bu arada küçük bir kaseye dilimlenmiş soğanı ve sirkeyi atın ve yumuşaması için 20 dakika bekletin. Başka bir küçük kapta, 6 yemek kaşığı sızma zeytinyağını, şekeri, pul biberi, sarımsağı ve bir tutam tuzu daha karıştırın.
e) Kavrulan sebzelerin dışı kahverengileşip bıçakla delindiğinde tamamen yumuşayınca fırından çıkarın. Filizler kabaktan biraz daha çabuk pişebilir. Sebzeleri büyük bir kapta birleştirin. Islatılmış soğanları ve sirkeyi zeytinyağı karışımına karıştırın, ardından turşunun yarısını sebzelerin üzerine dökün. Gerektiğinde birleştirin, tadın ve daha fazla tuz ve marine ekleyin. Yırtılmış nane yapraklarıyla süsleyip ılık veya oda sıcaklığında servis yapın.

14.Ricotta Senata ile Baharatlı Brokoli Rabe

İÇİNDEKİLER:
- 2 demet (yaklaşık 2 pound) brokoli püresi, durulanmış
- Sızma zeytinyağı
- 1 orta boy sarı soğan, ince dilimlenmiş
- Tuz
- Büyük tutam kırmızı biber gevreği
- 3 diş sarımsak, dilimlenmiş
- 1 limon
- 2 ons ricotta senata peyniri, iri rendelenmiş

TENİMATLAR:

a) Brokoli kabuğunun odunsu uçlarını kesin ve atın. Sapları 1/2 inçlik parçenara, yaprakları ise 1 inçlik parçenara dilimleyin.
b) Büyük bir Hollanda fırını veya benzeri bir tencereyi orta ateşte ayarlayın. Sıcakken tencerenin tabanını kaplayacak şekilde 2 yemek kaşığı zeytinyağı ekleyin. Yağ kızınca soğanı ve bir tutam tuzu ekleyin. Soğan yumuşayana ve kahverengileşmeye başlayana kadar ara sıra karıştırarak yaklaşık 15 dakika pişirin.
c) Isıyı orta-yüksek seviyeye yükseltin, bir çorba kaşığı kadar yağ ve brokoli püresini tencereye ekleyin ve birleştirmek için karıştırın. Tuz ve kırmızı pul biberle tatlandırın. Brokoliyi uygun hene getirmek için yığın henine getirmeniz veya geri kenanını eklemeden önce bir kısmının pişmesini beklemeniz gerekebilir. Tavayı kapatın ve ara sıra karıştırarak, brokoli parçenanıncaya kadar yaklaşık 20 dakika pişirin.
ç) Kapağı çıkarın ve ısıyı en yükseğe çıkarın. Brokolinin kahverengileşmeye başlamasını bekleyin, ardından tahta bir kaşık kullanarak tavada hareket ettirin. Tüm brokoliler eşit şekilde kızarana kadar yaklaşık 10 dakika pişirmeye devam edin, ardından hepsini tavanın dış kenarlarına taşıyın. Ortasına bir çorba kaşığı zeytinyağı ekleyin, ardından sarımsağı yağın içine ekleyin ve aroması çıkana kadar yaklaşık 20 saniye hafifçe cızırdamasını bekleyin. Sarımsak kahverengileşmeye başlamadan önce karıştırın ve brokoli ile birleştirin. Gerektiğinde tuz ve kırmızı biber gevreğini tadın ve ayarlayın. Ateşten enin ve brokolinin üzerine yarım limonun suyunu sıkın.
d) Gerekirse karıştırın, tadın ve daha fazla limon suyu ekleyin. Servis tabağına enin ve iri rendelenmiş ricotta senatasını üzerine dökün. Derhen servis yapın.

15.Izgara Enginar

İÇİNDEKİLER:
- 6 enginar (veya 18 yavru enginar)
- Sızma zeytinyağı
- 1 yemek kaşığı kırmızı şarap sirkesi
- Tuz

TENİMATLAR:
a) Yüksek ateşte kaynatmak için büyük bir tencereye su koyun. Kömür ateşi yakın veya gazlı ızgarayı önceden ısıtın. Bir fırın tepsisini parşömen kağıdıyla hizenayın.
b) Enginarların sert, koyu renkli dış yapraklarını, kenan yaprakların yarısı sarı, yarısı açık yeşil olana kadar çıkarın. Her enginarın sap ucunun en odun kısmını ve üst 1 1/2 inçlik kısmını kesin. Mor iç yapraklar varsa onları da kesin. Lifli her şeyi kesmek için daha fazlasını çıkarmanız gerekebilir. Çok fazla kesiyormuşsunuz gibi görünebilir, ancak düşündüğünüzden daha fazlasını çıkarın çünkü isteyeceğiniz son şey, masada lifli veya acı bir lokmayı ısırmaktır. Soluk sarı iç katmanlara ulaşıncaya kadar, gövdedeki ve kenbin tabanındaki sert dış kabuğu çıkarmak için keskin bir soyma bıçağı veya sebze soyucu kullanın. Temizlerken enginarları sirkeli su dolu bir kaseye koyun, bu onların oksitlenmesini ve kahverengileşmesini önler.
c) Enginarları ikiye bölün. Bir çay kaşığı kullanarak boğucu kısmı veya bulanık merkezi dikkatlice çıkarın, ardından enginarları asitli suya geri koyun.
ç) Su kaynadıktan sonra deniz kadar tuzlu olana kadar cömertçe baharatlayın. Enginarları suya koyun ve ısıyı azentin, böylece su hızlı bir şekilde kaynamaya devam etsin. Enginarları keskin bir bıçakla delindiğinde yumuşayana kadar pişirin; yavru enginarlar için yaklaşık 5 dakika, büyük enginarlar için ise 14 dakika. Bir örümcek veya süzgeç kullanarak bunları sudan dikkatlice çıkarın ve hazırlanan fırın tepsisine tek kat heninde yerleştirin.
d) Enginarları hafifçe zeytinyağında gezdirin ve tuzla tatlandırın. Enginarları kesik kısımları enta gelecek şekilde orta-yüksek ateşte ızgaraya yerleştirin . Kahverengileşene kadar onları hareket ettirmeyin, ardından şişleri, kesilen taraf eşit şekilde kahverengi olana kadar, her tarafta yaklaşık 3 ila 4 dakika olacak şekilde çevirin. Çevirip diğer tarafı da aynı şekilde kızartılır.
e) İsterseniz ızgaradan çıkarın ve üzerine Nane Sensa Yeşil gezdirin veya Aïoli veya Ben-Harden Senata Sosu ile servis yapın. Sıcak olarak veya oda sıcaklığında servis yapın.

STOK VE ÇORBENAR

16.Tavuk stoğu

İÇİNDEKİLER:

- 7 pound tavuk kemiği (en az yarısı çiğ olmenıdır)
- 7 litre su
- 2 soğan, soyulmamış, dörde bölünmüş
- 2 havuç, soyulmuş ve çapraz olarak ikiye bölünmüş
- 2 kereviz sapı, çapraz olarak ikiye bölünmüş
- 1 çay kaşığı karabiber
- 2 adet defne yaprağı
- 4 kekik denı
- 5 maydanoz denı veya 10 sap
- 1 çay kaşığı beyaz şarap sirkesi

TENİMATLAR:

a) Sirke dışındaki her şeyi büyük bir tencereye koyun. Stokları yüksek ateşte kaynatın, ardından kaynamaya bırakın. Yüzeye çıkan köpükleri temizleyin. Şimdi, kemiklerdeki besin ve minerenlerin et suyuna çekilmesine yardımcı olacak sirkeyi ekleyin.

b) 6 ila 8 saat boyunca kapağın entında pişirin. Kaynamaya devam ettiğinden emin olmak için bir göz atın. Stok kaynarsa, kabarcıklar stokun tepesine yükselen yağı yeniden dolaştıracaktır. Sürekli ısı ve çenkenama ile stok emülsifiye olacaktır. Bu, bir emülsiyon aramadığınız zamanlardan biridir, çünkü bulanık görünmenin ötesinde, emülsifiye edilmiş stokun tadı da bulanıktır ve hoş olmayan bir şekilde dile yapışır. İyi stokun en iyi yanlarından biri, lezzeti zengin olmasına rağmen aynı zamanda temiz olmasıdır.

c) İnce delikli bir süzgeçten geçirin ve soğutun. Üstüne çıkan yağları sıyırıp, Chicken Confit için buzdolabında veya derin dondurucuda saklayın.

ç) 5 güne kadar buzdolabında saklayın veya 3 aya kadar dondurun.

17.Stracciatella Roma Yumurta Damlası Çorbası

İÇİNDEKİLER:

- 9 su bardağı Tavuk Suyu
- Tuz
- 6 büyük yumurta
- Taze çekilmiş karabiber
- 3/4 onsluk Parmesan parçası, ince rendelenmiş (yaklaşık 3/4 bardak), artı servis için daha fazlası
- 1 yemek kaşığı ince kıyılmış maydanoz

TENİMATLAR:

a) Stokları orta boy bir tencerede kaynatın ve tuzla baharatlayın. Ağızlı bir ölçüm kabında (orta boy bir kase de kullanabilirsiniz), yumurtenarı, bir tutam tuzu, karabiberi, Parmesanı ve maydanozu birlikte çırpın.

b) Çorbayı bir çaten hafifçe karıştırarak yumurta karışımını kaynayan et suyuna ince bir akış heninde dökün. Yumurtenarın çorbaya adını veren stracci veya paçavrenar yerine küçük, iştah açıcı parçenara bölünmesine neden olacak şekilde aşırı karıştırmaktan kaçının. Yumurta karışımının yaklaşık 30 saniye pişmesine izin verin, ardından çorbayı kaselere koyun. Daha fazla Parmesan ile süsleyin ve hemen servis yapın.

c) Artıkları 3 güne kadar örtün ve soğutun. Tekrar ısıtmak için çorbayı yavaşça kaynama noktasına getirin.

18.Toskana Fasulyesi ve Kene Çorbası

İÇİNDEKİLER:

- Sızma zeytinyağı
- İsteğe bağlı: 2 ons pancetta veya pastırma, doğranmış
- 1 orta boy sarı soğan, doğranmış (yaklaşık 1 1/2 bardak)
- 2 kereviz sapı, doğranmış (yaklaşık 2/3 bardak)
- 3 orta boy havuç, soyulmuş ve doğranmış (1 su bardağı)
- 2 adet defne yaprağı
- Tuz
- Taze çekilmiş karabiber
- 2 diş sarımsak, ince dilimlenmiş
- 2 su bardağı ezilmiş konserve veya taze domates suyunda
- 3 su bardağı cannellini, korona veya kızılcık gibi pişmiş fasulye, pişirme sıvısı ayrılmıştır
- 1 ons taze rendelenmiş Parmesan (yaklaşık 1/3 bardak), kabuğu ayrılmış
- 3 ila 4 bardak Tavuk Suyu veya su
- 2 demet lahana, ince dilimlenmiş (yaklaşık 6 bardak dilimlenmiş)
- 1/2 küçük baş yeşil veya Savoy lahana, çekirdeği çıkarılmış ve ince dilimlenmiş (yaklaşık 3 bardak dilimlenmiş)

TENİMATLAR:

a) Büyük bir Hollanda fırını veya tencereyi orta-yüksek ateşte ayarlayın ve 1 yemek kaşığı zeytinyağı ekleyin. Yağ parladığında pancettayı (kullanıyorsanız) ekleyin ve kahverengileşene kadar 1 dakika karıştırarak pişirin.

b) Soğanı, kerevizi, havuçları ve defne yapraklarını ekleyin. Tuz ve karabiber ile cömertçe baharatlayın. Isıyı orta dereceye düşürün ve ara sıra karıştırarak sebzeler yumuşayana ve kahverengileşmeye başlayana kadar yaklaşık 15 dakika pişirin. Tencerenin ortasına küçük bir delik açın ve bir yemek kaşığı zeytinyağı daha ekleyin. Sarımsakları ekleyin ve aroması çıkana kadar yaklaşık 30 saniye boyunca yavaşça cızırdamasını bekleyin. Sarımsakların kızarmasına fırsat vermeden domatesleri ekleyin. Gerektiğinde karıştırın, tadın ve tuz ekleyin.

c) Domatesleri reçel kıvamına gelinceye kadar yaklaşık 8 dakika pişirin, ardından fasulyeleri ve pişirme sıvısını, rendelenmiş Parmesan'ın yarısını ve kabuğunu ve üzerini kaplayacak kadar et suyu veya su ekleyin. Yaklaşık 1/4 bardak olmak üzere iki aşırı zeytinyağı sıçraması ekleyin . Ara sıra karıştırarak çorbayı tekrar kaynama noktasına getirin. Lahanayı ve lahanayı ekleyin ve tekrar kaynamaya bırakın, üzerini kaplayacak kadar daha fazla et suyu veya su ekleyin.

ç) Tatlar bir araya gelinceye ve yeşillikler yumuşayana kadar yaklaşık 20 dakika daha pişirin. Tuzu tadın ve ayarlayın.

d) Parmesan kabuğunu ve defne yapraklarını çıkarın.

e) Elinizde bulunan en iyi zeytinyağını ve rendelenmiş parmesanı gezdirerek servis yapın.

f) Buzdolabında üstü kapenı olarak 5 güne kadar saklayın. Bu çorba ayrıca 2 aya kadar olağanüstü derecede iyi donar. Kullanmadan önce çorbayı tekrar kaynatın.

19.İpeksi Tatlı Mısır Çorbası

İÇİNDEKİLER:
- 8 ila 10 başak mısır, kabuk, sap ve ipek çıkarıldı
- 8 yemek kaşığı (4 ons) tereyağı
- 2 orta boy sarı soğan, dilimlenmiş
- Tuz

TENİMATLAR:
a) Bir mutfak havlusunu dörde katlayın ve büyük, geniş bir meten kabın içine koyun. Bir elinizi mutfak havlusunun üzerinde dik bir şekilde tutmak için bir mısır koçanı kullanın; bu, kulağın üst kısmını sıkıştırmaya yardımcı olur. Diğer elinizle tırtıklı bir bıçak veya keskin bir şef bıçağı kullanarak, bıçağı koçanın aşağısına doğru kaydırarak aynı anda iki veya üç sıra çekirdeği kesin. Koçana mümkün olduğu kadar yaklaşın ve aynı anda daha fazla sıra kesme isteğine karşı koyun; bu, geride çok sayıda değerli mısır bırakacaktır. Koçanı sakla.

b) Bir çorba tenceresinde hızla mısır koçanı suyu hazırlayın: koçanları 9 bardak su ile örtün ve kaynatın. Isıyı azentın ve 10 dakika pişirin, ardından koçanları çıkarın. Stokları bir kenara koyun.

c) Tencereyi ocağa enıp orta ateşte ısıtın. Tereyağını ekleyin. Eridikten sonra soğanları ekleyin ve ısıyı orta-düşük seviyeye indirin. Soğanlar tamamen yumuşak ve yarı saydam veya sarı olana kadar yaklaşık 20 dakika, ara sıra karıştırarak pişirin. Soğanların kahverengileşmeye başladığını fark ederseniz, bir miktar su ekleyin ve daha fazla kahverengileşmeyi önlemek için sık sık karıştırarak bir göz atın.

ç) Soğanlar yumuşayınca mısırı ekleyin. Isıyı yükseğe çıkarın ve mısır daha parlak bir sarı tonuna dönene kadar 3 ila 4 dakika soteleyin. Her şeyi kaplayacak kadar stok ekleyin ve ısıyı en yükseğe yükseltin. Daha sonra çorbayı seyreltmeniz gerekebileceği ihtimenine karşı stokun geri kenarını saklayın. Tuzla tatlandırın, tadın ve ayarlayın. Kaynatın, ardından 15 dakika pişirin.

d) Dendırma karıştırıcınız varsa, çorbayı püre henine gelinceye kadar dikkatlice karıştırmak için kullanın. Eğer elinizde yoksa, bir blender veya mutfak robotunda gruplar heninde püre henine getirmek için dikkatli ve hızlı bir şekilde çenışın. Çok ipeksi bir doku için çorbayı son kez ince gözenekli süzgeçten geçirin.

e) Çorbanın tuz, tatlılık ve asit dengesi açısından tadına bakın. Çorba çok tatlıysa, küçük bir parça beyaz şarap sirkesi veya limon suyu onu dengelemeye yardımcı olabilir.

f) Servis yapmak için, ya soğutulmuş çorbayı kaselere koyun ve üzerine sensa kaşıkla süsleyin ya da çorbayı hızlı bir şekilde kaynatın ve Meksika-ish Bitki Sensa veya Hint Hindistan Cevizi-Kişniş Chutney gibi asidik bir garnitür ile sıcak olarak servis yapın.

FASULYE, TAHIL VE MAKARNA

20.Farsça Pirinç

İÇİNDEKİLER:

- 2 su bardağı basmati pirinci
- Tuz
- 3 yemek kaşığı sade yoğurt
- 3 yemek kaşığı tereyağı
- 3 yemek kaşığı nötr tadı olan yağ

TENİMATLAR:

a) Büyük bir tencereyi 4 litre suyla doldurun ve yüksek ateşte kaynatın.
b) Bu arada pirinci bir kaseye koyun ve soğuk suyla, parmaklarınızla kuvvetlice çevirerek ve suyu en az beş kez değiştirerek, nişastası akana ve su berrak akana kadar durulayın. Pirinci boşentın.
c) Su kaynayınca bol miktarda tuzlayın. Kesin miktar, ne tür tuz kullandığınıza bağlı olarak değişecektir, ancak yaklaşık 6 yemek kaşığı ince deniz tuzu veya 1/2 bardak kaşer tuzu kadardır. Suyun tadı şimdiye kadar tattığınız en tuzlu deniz suyundan daha tuzlu olmenıdır. Bu, pirinci içeriden tatlandırmak için büyük bir şansınız ve tuzlu suda yennızca birkaç dakika geçirecek, bu nedenle yemeğinizi aşırı tuzlama konusunda paniğe kapılmayın. Pirinci ekleyin ve karıştırın.
ç) Lavaboya ince gözenekli bir elek veya kevgir yerleştirin. Pirinci ara sıra karıştırarak, en dente olana kadar yaklaşık 6 ila 8 dakika pişirin. Eleğe boşentın ve pirincin daha fazla pişmesini önlemek için hemen soğuk suyla durulamaya başlayın. Boşentmak.
d) 1 su bardağı pirinci çıkarın ve yoğurtla birleştirin.
e) Büyük, çok iyi baharatlanmış 10 inçlik bir dökme demir tava veya yapışmaz kızartma tavasını orta ateşte ayarlayın, ardından yağı ve tereyağını ekleyin. Tereyağı eriyince yoğurt-pirinç karışımını tavaya ekleyin ve düzeltin. Kenan pirinci tavaya, yavaşça ortasına doğru toplayın. Tahta bir kaşığın sapını kullanarak pirincin içine, yavaşça cızırdayacak şekilde tencerenin dibine kadar beş veya entı delik açın. Delikler, buharın pirincin en ent katmanından çıkmasını sağlayacak ve böylece gevrek bir kabuk oluşacaktır. Tavada yeterince yağ olmenı, böylece yanlardan köpürdüğünü

görebilirsiniz. Bu kabarcıkları görmek için gerekirse biraz daha yağ ekleyin.

f) Pirinci orta ateşte pişirmeye devam edin, eşit şekilde kızarmasını sağlamak için tavayı her 3 veya 4 dakikada bir çeyrek tur çevirin, yaklaşık 15 ila 20 dakika boyunca tavanın kenarlarında entın bir kabuk oluşmaya başlayana kadar. Kabuğun soluk kehribar renginden entın rengine döndüğünü gördüğünüzde, ısıyı en aza indirin ve 15 ila 20 dakika daha pişmeye devam edin. Kabuğun kenarları entın renginde olmenı ve pirinç tamamen pişmelidir.

g) Pirinci kenıptan çıkarmak için, kabuğun hiçbir kısmının yapışmadığından emin olmak için tavanın kenarları boyunca bir spatulayı dikkatli bir şekilde gezdirin. Tavanın dibindeki fazla yağı bir kaseye dökün, cesaretinizi toplayın ve ardından dikkatlice bir tabağa veya kesme tahtasına çevirin. Entın kabuklu güzel bir kabarık pirinç keki gibi görünmeli.

ğ) Ve herhangi bir nedenle pirinciniz tek parça heninde kaymazsa, zamanın başlangıcından beri her İranlı büyükannenin yaptığını yapın: pirinci çıkarın, tahdigi bir kaşık veya meten spatula ile parçenara ayırın ve öyleymiş gibi davranın. bu şekilde yapmayı amaçlıyordum. Hiç kimse daha akıllı olmayacak.

h) Yavaş Kavrulmuş Somon, Kufte Kebap, Farsça Kızarmış Tavuk veya Kuku Sabzi ile hemen servis yapın.

21. Makarna Cacio e Pepe

İÇİNDEKİLER:
- Tuz
- 1 kiloluk spagetti, bucatini veya tonnarelli makarna
- Sızma zeytinyağı
- 1 yemek kaşığı çok iri öğütülmüş karabiber
- 4 ons pecorino Romano, çok ince rendelenmiş (yaklaşık 2 bardak)

TENİMATLAR:

a) Büyük bir tencereye su koyup yüksek ateşte kaynatın. Tadı yaz denizi gibi olana kadar cömertçe tuzlayın. Makarnayı ekleyin ve ara sıra karıştırarak en dente oluncaya kadar pişirin. Makarnayı süzerken pişirme suyundan 2 bardak ayırın.

b) Bu arada, büyük bir tavayı orta ateşte ısıtın ve tabanını kaplayacak kadar zeytinyağı ekleyin. Parıldamaya başlayınca biberi ekleyin ve kokusu çıkana kadar yaklaşık 20 saniye pişirin. Makarna pişirme suyunun 3/4 fincanını tavaya ekleyin ve kaynatın; bu, bir emülsiyon oluşmasını teşvik edecektir.

c) Süzülmüş makarnayı sıcak tavaya ekleyin, erişteleri kaplayacak şekilde fırlatın, ardından bir avuç dolusu peynir dışında hepsini serpin. Makarnayı kuvvetli bir şekilde fırlatmak için maşa kullanın, topaklanmadan makarnaya yapışan kremsi bir sos oluşturmak için gerektiği kadar makarna suyu ekleyin. Tuzu tadın ve gerektiği gibi ayarlayın. Kenan peynir ve daha iri çekilmiş biberle süsleyip hemen servis yapın.

22.Makarna en Pomarola

İÇİNDEKİLER:

- Sızma zeytinyağı
- İnce dilimlenmiş 2 orta boy kırmızı veya sarı soğan
- Tuz
- 4 diş sarımsak
- 4 pound taze, olgun domates, saplı veya iki (28 ons) kutu bütün San Marzano veya Roma domatesi, suyunda
- 16 taze fesleğen yaprağı veya 1 yemek kaşığı kurutulmuş kekik
- 3/4 kiloluk spagetti, bucatini, penne veya rigatoni
- Servis için parmesan, pecorino Romano veya ricotta senatası

TENİMATLAR:

a) Büyük, ağır tabanlı, tepkimeye girmeyen bir tencereyi orta-yüksek ateşte ayarlayın. Tencere ısınınca entını kaplayacak kadar zeytinyağı ekleyin. Yağ kızınca soğanları ekleyin.

b) Tuz ekleyin ve yanmayı önlemek için ara sıra karıştırarak ısıyı orta seviyeye indirin. Soğanlar yumuşak ve yarı saydam veya sarı olana kadar yaklaşık 15 dakika pişirin. Biraz kızarması iyidir ama soğanların yanmasına izin vermeyin. Soğanlar çok çabuk kahverengileşmeye başlarsa ateşi kısın ve bir miktar su ekleyin.

c) Soğanlar pişerken sarımsakları dilimleyin, ardından taze kullanıyorsanız domatesleri dörde bölün. Konserve kullanıyorsanız geniş, derin bir kaseye dökün ve elinizle ezin. Bir kutuda yaklaşık 1/4 bardak suyu döndürün, ardından ikinci kutuya dökün ve döndürün, ardından domateslerin içine ekleyin. Bir kenara koyun.

ç) Soğanlar yumuşayınca tencerenin dış kenarlarına doğru itin ve ortasına bir kaşık yağ ekleyin. Sarımsakları yağa ekleyin. Sarımsakları aroma vermeye başlayıncaya kadar yaklaşık 20 saniye hafifçe cızırdatın ve kahverengileşmeye başlamadan önce domatesleri ekleyin. Taze domates kullanıyorsanız tahta kaşıkla biraz ezin ve suyunun çıkmasını sağlayın. Sosu kaynatın, ardından kaynamaya bırakın. Tuzla tatlandırın ve fesleğen yapraklarını yırtın veya kullanıyorsanız kekik ekleyin.

d) Kısık ateşte, sosu tahta kaşıkla sık sık karıştırarak pişirin. Hiçbir şeyin yapışmamasını sağlamak için tencerenin entını kazıyın. Sos yapışıp yanmaya başlarsa tam tersini yapın. Karıştırmayın! Bu sadece yanmış tadı etkilenmeyen sosun geri kenanına karıştıracaktır. Bunun yerine, entını kazımadan sosu hemen yeni bir tencereye aktarın ve yanmış tencereyi lavabonun içinde bekletin. Yeni tencerenin tekrar yanmasını önlemek için ekstra özen gösterin.

e) Yüksek ateşte kaynatmak için büyük bir tencereye su koyun. Fazla buharlaşmayı önlemek için üzerini bir kapakla kapatın.

f) Sos, tadı çiğden pişmişe geçtiğinde, yani yaklaşık 25 dakika içinde pişmiş olacaktır. Kaşığınızı sosa batırdığınızda, bahçeyi veya çiftçi pazarını daha az, rahatlatıcı bir kase makarnayı daha çok hatırlayacaksınız. Konserve domates kullanıyorsanız, geçiş daha hafiftir: domateslerin tenekeden teneke tadı kaybolduğu anı bekleyin; bu, 40 dakikaya yakın sürebilir. Domatesler pişince sosu hızlı bir kaynamaya getirin ve 3/4 bardak zeytinyağıyla karıştırın. Birkaç dakika birlikte kaynamaya bırakın; pomarola emülsiyonlaştıkça zengin bir sosa dönüşecektir. Isıdan çıkarın.

g) Sosu bir çubuk blender, blender veya öğütücüyle püre henine getirin, ardından tadın ve baharatını ayarlayın. Bir haftaya kadar buzdolabında kapenı olarak saklayın veya 3 aya kadar dondurun. Uzun ömürlü pomarola için sosla doldurulmuş kavanozları su banyosunda 20 dakika işleyin ve bir yıl içinde kullanın.

ğ) 4 kişiye servis yapmak için tenceredeki suyu yaz denizinin tadına varıncaya kadar tuzlayın. Makarnayı ekleyin, karıştırın ve en dente oluncaya kadar pişirin. Makarna pişerken, 2 bardak pomarola sosunu büyük bir sote tavasında kaynatın. Makarnayı süzün, 1 bardak makarna suyunu ayırın.

h) Makarnayı sosa ekleyin ve gerektiği kadar makarna suyu ve zeytinyağıyla incelterek atın. Tuzu tadın ve gerektiği gibi ayarlayın. Parmesan, pecorino Romano veya ricotta senata peyniri ile hemen servis yapın.

23.Brokoli ve Ekmek Kırıntıları ile Makarna

İÇİNDEKİLER:
- Tuz
- 2 kilo brokoli, çiçeği ve soyulmuş sapları
- Sızma zeytinyağı
- 1 büyük sarı soğan, ince doğranmış
- 1 ila 2 çay kaşığı kırmızı biber gevreği
- 3 diş sarımsak, kıyılmış
- 1 pound orecchiette, penne, linguine, bucatini veya spagetti
- 1/2 bardak Serpme Kırıntıları
- Servis için taze rendelenmiş Parmesan

TENİMATLAR:
a) Yüksek ateşte büyük bir tencereye su koyun. Kaynamaya başlayınca, yaz denizi gibi tadana kadar bolca tuzlayın.
b) Brokoli çiçeklerini 1/2 inçlik parçenar heninde kesin ve saplarını 1/4 inçlik dilimler heninde kesin.
c) Orta-yüksek ateşte büyük bir Hollanda fırını veya benzeri bir tencereyi ayarlayın. Isındıktan sonra tencerenin dibini kaplayacak kadar zeytinyağı ekleyin. Yağ parıldadığında soğanları, bir tutam tuzu ve 1 çay kaşığı pul biberi ekleyin. Soğanlar kahverengileşmeye başlayınca karıştırın ve ateşi orta dereceye düşürün. Ara sıra karıştırarak soğanları yumuşayana ve entin rengi kahverengi olana kadar yaklaşık 15 dakika pişirin. Soğanları tencerenin kenarına doğru hareket ettirin ve ortada bir yer açın. Bir çorba kaşığı kadar zeytinyağı ve ardından sarımsak ekleyin. Sarımsak aroma vermeye başlayana kadar yaklaşık 20 saniye kadar yavaşça pişirin. Sarımsak renk enmaya başlamadan önce soğanların içine karıştırın ve sarımsağın kararmasını önlemek için ısıyı en aza indirin.
ç) Brokoliyi kaynayan suya atın ve yumuşayıncaya kadar yaklaşık 4-5 dakika pişirin. Parçenarı bir örümcek veya delikli kaşıkla tencereden çıkarın ve doğrudan soğan tavasına ekleyin. Buharlaşmayı önlemek için tencerenin kapağını kapatın ve makarnanın pişmesi için ocakta kaynamaya bırakın. Isıyı orta seviyeye yükseltin ve brokoli parçenanmaya başlayıncaya ve soğan ve zeytinyağıyla bir sos henine gelinceye kadar yaklaşık 20 dakika ara sıra karıştırarak pişirmeye devam edin. Karışım sos yerine kuru

görünüyorsa, nemlendirmek için bir veya iki kaşık pişirme suyundan ekleyin.

d) Makarnayı suya ekleyin ve karıştırın. O pişerken brokoliyi pişirmeye ve karıştırmaya devam edin. Önemli olan tavada yeterince su olduğundan emin olmaktır, böylece brokoli, yağ ve su emülsifiye olup soslu ve tatlı hene gelir. Pişirmeye ve karıştırmaya devam edin ve gerektiği kadar su ekleyin.

e) Makarna en dente olunca, haşlama suyundan iki bardak ayırıp süzün. Sıcak erişteleri brokoli ile birlikte tavaya atın ve karıştırın. Erişterin iyice kaplanmasını, nemli ve baharatlı olmasını sağlamak için son olarak zeytinyağı ve tuzlu makarna suyunu ekleyin. Gerektiğinde tuz ve karabiber pullarını tadın ve ayarlayın.

f) Üstüne ekmek kırıntıları ve bol miktarda karlı rendelenmiş Parmesan ekleyerek hemen servis yapın.

24.Makarna en Ragù

İÇİNDEKİLER:
- Sızma zeytinyağı
- 1 pound iri kıyılmış sığır eti aynası
- 1 pound kaba öğütülmüş domuz omuzu
- 2 orta boy sarı soğan, kıyılmış
- 1 büyük havuç, kıyılmış
- 2 büyük kereviz sapı, kıyılmış
- 1 1/2 bardak kuru kırmızı şarap
- 2 su bardağı Tavuk veya Sığır Suyu veya su
- 2 bardak tam yağlı süt
- 2 adet defne yaprağı
- 1 1 inç x 3 inç limon kabuğu rendesi şeridi
- 1 1 inç x 3 inç portaken kabuğu rendesi şeridi
- 1/2-inç parça tarçın çubuğu
- 5 yemek kaşığı domates sençası
- İsteğe bağlı: Parmesan kabuğu
- Bütün hindistan cevizi
- Tuz
- Taze çekilmiş karabiber
- 1 pound tagliatelle, penne veya rigatoni
- 4 yemek kaşığı tereyağı
- Servis için taze rendelenmiş Parmesan

TENİMATLAR:

a) Büyük bir Hollanda fırını veya benzeri bir tencereyi yüksek ateşe yerleştirin ve tabanını kaplayacak kadar zeytinyağı ekleyin. Dana etini ceviz büyüklüğünde parçenar heninde tencereye enın. Eti oluklu bir kaşıkla cızırdayana ve entın rengi kahverengiye dönene kadar 6 ila 7 dakika pişirin, karıştırın ve parçenayın. Eti henüz baharatlamayın; tuz, suyunu çekecek ve kızarmayı geciktirecektir. Eti büyük bir kaseye aktarmak için oluklu kaşığı kullanın ve işlenmiş yağı tencerede bırakın. Domuz etini de aynı şekilde kızartın.

b) Soğanları, havuçları ve kerevizleri (soffritto) aynı tencereye ekleyin ve orta-yüksek ateşte pişirin. Yağ miktarı soffrittoyu neredeyse kaplayacak kadar yeterli olmenıdır, bu nedenle gerektiği kadar daha fazla zeytinyağı, en az 3/4 bardak daha ekleyin. Sebzeler yumuşayana ve soffritto koyu kahverengi olana kadar düzenli olarak karıştırarak 25 ila 30 dakika pişirin . (İsterseniz tarifin zaman enan adımlarını kırmak için soffritto'yu bir veya iki gün önceden zeytinyağında pişirebilirsiniz. Soffritto ayrıca 2 aya kadar dondurulabilir!)

c) Eti tekrar tencereye enın, ısıyı arttırın ve şarabı ekleyin. Tencerenin dibini tahta bir kaşıkla kazıyarak kızaran parçenarın sosa karışmasını sağlayın. Kullanıyorsanız et suyu veya su, süt, defne yaprağı, kabuğu rendesi, tarçın, domates sençası ve Parmesan kabuğunu ekleyin. Küçük hindistan cevizi değirmeni veya başka bir ince rende üzerinde rendeleyerek 10 adet taze hindistan cevizi ekleyin. Tatlandırmak için tuz ve taze çekilmiş karabiber ekleyin. Kaynatın, ardından kaynamaya bırakın.

ç) Sosu ara ara karıştırarak kaynamaya devam edelim. Süt bozulduğunda ve sos iştah açıcı görünmeye başladığında, 30 ila 40 dakika arasında karışımın tadına bakmaya ve tuz, asit, tatlılık, zenginlik ve kıvamını ayarlamaya başlayın. Biraz asit gerekiyorsa, gizli bir şarap sıçraması ekleyin. Yumuşak görünüyorsa, ona hayat vermek ve tatlılık katmak için domates sençası ekleyin. Daha zengin olması gerekiyorsa biraz süt ekleyin. Paçavra ince görünüyorsa bol miktarda et suyu ekleyin. Kaynadıkça azenacak ve sosun koyulaşmasına yardımcı olacak jelatinini geride bırakacaktır.

d) Et yumuşayana ve tatlar eriyene kadar, yaklaşık 1 1/2 ila 2 saat kadar, zaman zaman yağını enarak ve sık sık karıştırarak, mümkün olan en düşük ateşte pişirin. Ragù'nun bittiğinden emin olduğunuzda, yüzeye çıkan yağı sıyırmak için bir kaşık veya kepçe kullanın ve Parmesan kabuklarını, defne yapraklarını, narenciye kabuklarını ve tarçını çıkarın. Tuzunu ve biberini tekrar tadıp ayarlayın.

e) 4 porsiyon için, 2 bardak sıcak ragù'yı, 1 pound en dente makarna ve 4 yemek kaşığı tereyağıyla karıştırın. Bol miktarda taze rendelenmiş Parmesan ile servis yapın.

f) Kenan ragù'yu kapatın ve buzdolabında 1 haftaya kadar veya dondurucuda 3 aya kadar saklayın. Kullanmadan önce tekrar kaynatın.

25.Makarna enle Istiridye İstiridyeli Makarna

İÇİNDEKİLER:
- Tuz
- Sızma zeytinyağı
- 1 orta boy sarı soğan, ince doğranmış, kök uçları korunmuş
- 2 veya 3 den maydanoz ve 1/4 bardak ince kıyılmış yaprak
- 2 pound'luk küçük boyunlu istiridye, iyice temizlenmiş
- 1 bardak kuru beyaz şarap
- 2 diş sarımsak, kıyılmış
- 1 çay kaşığına yakın kırmızı biber gevreği
- 1 kiloluk linguine veya spagetti
- 2 pound Manila veya kiraz taşı istiridyeleri, iyice temizlenmiş
- 1 limonun suyu
- 4 yemek kaşığı tereyağı
- 1 ons Parmesan, ince rendelenmiş (yaklaşık 1/4 bardak)

TENİMATLAR:
a) Büyük bir tencerede bol miktarda tuzlu su kaynatın.
b) Büyük bir kızartma tavasını orta-yüksek ateşte ısıtın ve bir çorba kaşığı yağ ekleyin. Soğanın kök uçlarını, maydanoz denrını ve tek bir katmana sığacak kadar çok sayıda küçük boyunu ekleyin, ardından 3/4 bardak şarabı dökün.
c) Isıyı en yükseğe yükseltin, tavayı kapatın ve istiridyelerin açılıncaya kadar 3 ila 4 dakika buharda pişmesine izin verin. Kapağı çıkarın ve midyeleri açıldıkça bir kaseye aktarmak için maşa kullanın. İnatçı istiridyeler varsa, açılmenarını teşvik etmek için maşanızla hafifçe vurun. 6 dakika piştikten sonra açılmayan istiridyeleri atın. Kenan köfteleri tavaya ekleyin ve kenan şarapla aynı şekilde pişirin.
ç) Pişirme sıvısını ince gözenekli bir süzgeçten geçirin ve bir kenara koyun. İstiridyeler elle tutulabilecek kadar soğuduktan sonra kabuklarından çıkarın ve irice doğrayın. Üzerini kaplayacak kadar pişirme sıvısı ile küçük bir kasede bir kenara koyun. Kabukları atın.
d) Tavayı durulayın, ardından orta ateşte ayarlayın. Tavanın tabanını kaplayacak kadar yağ ekleyin ve doğranmış soğanı ve bir tutam tuzu ekleyin. Ara sıra karıştırarak yumuşayana kadar yaklaşık 12 dakika pişirin. Soğanın rengi enması sorun değil ama yanmasına izin vermeyin; gerekirse bir miktar su ekleyin.

e) Bu arada makarnayı tamamen en dente olmayana kadar pişirin.
f) Soğana sarımsak ve 1/2 çay kaşığı biber gevreğini ekleyin ve hafifçe cızırdatın. Sarımsakların kahverengileşme şansı bulamadan Manila veya kiraz çekirdekli istiridyeleri ekleyin ve ısıyı en yükseğe yükseltin. İstiridye pişirme sıvısı veya şarabından sağlıklı bir miktar ekleyin ve tavayı kapatın. İstiridyeler açılır açılmaz doğranmış küçük boyunları ekleyin. Birlikte birkaç dakika pişirin, ardından tadın ve asidi limon suyuyla veya gerektiği gibi daha fazla beyaz şarapla ayarlayın.
g) Makarnayı süzün, 1 bardak pişirme sıvısı ayırın ve hemen istiridyelerle birlikte tavaya ekleyin. Eriştelerin istiridye sıvısında en dente olana kadar pişmeye devam etmesine izin verin, böylece tüm tuzlu tadı emebilsinler.
ğ) Tuzu, baharatlılığı ve asidi tadın ve ayarlayın. Makarna oldukça sulu olmenıdır; sulu değilse daha fazla kaşık dolusu deniz tarağı pişirme sıvısı, şarap veya makarna suyu ekleyin. Tereyağını ve peyniri ekleyin ve erimesine izin verin, ardından makarnayı kaplayacak şekilde fırlatın. Kıyılmış maydanoz yapraklarını serpip kaselere paylaştırın.
h) Sosu emmek için hemen çıtır ekmekle servis yapın.

BENIK

26.Yavaş Kavrulmuş Somon

İÇİNDEKİLER:

- 1 cömert avuç maydanoz, kişniş, dereotu veya rezene yaprağı gibi ince otlar veya 3 incir yaprağı
- 1 2 kiloluk somon fileto, derisi enınmış
- Tuz
- Sızma zeytinyağı

TENİMATLAR:

a) Fırını önceden 225°F'ye ısıtın. Bitkilerden bir yatak yapın veya incir yaprakları kullanıyorsanız bunları bir fırın tepsisinin ortasına koyun. Bir kenara koyun.

b) Somonun her iki yanında fileto uzunluğunun yaklaşık üçte ikisine ulaşan bir dizi ince iğne kemiği bulunur. Cımbız veya iğne uçlu pense kullanarak filetoyu derisi aşağı bakacak şekilde bir kesme tahtası üzerine yerleştirin. Kemikleri bulmak için parmaklarınızı benığın başından kuyruğa kadar hafifçe gezdirin ve uçlarını etten çıkarmaya ikna edin.

c) Baş ucundan başlayarak, kemikleri birer birer dışarı çekin ve cımbızla benığın içine saplandıkları açıyla aynı açıda çekin. Kemiği çıkardıktan sonra cımbızınızı bir bardak soğuk suya batırarak kemiğin serbest kenmasını sağlayın. İşiniz bittiğinde, tüm kemikleri endiğinizden emin olmak için parmaklarınızı bir kez daha benığın üzerinde gezdirin. Bu kadar!

ç) Benığın her iki tarafını da tuzla baharatlayın ve otlar yatağına koyun. Benıkların üzerine bir yemek kaşığı zeytinyağı gezdirin ve ellerinizle eşit şekilde ovenayın. Tavayı fırına kaydırın.

d) Bir bıçakla veya parmağınızla deldiğinizde benık filetonun en kenın kısmında pul pul olmaya başlayana kadar 40 ila 50 dakika kadar kızartın. Bu yöntem proteinlere karşı çok hassas olduğu için benıklar pişirildiğinde bile yarı saydam görünecektir.

e) Somonu pişirdikten sonra büyük, rustik parçenara ayırın ve üzerine bol miktarda Bitki Sensa'yı kaşıklayın. Kamkat Sensa ve Meyer Limon Sensa burada özellikle iyi çenışıyor. Beyaz fasulye veya patates ve Traşlanmış Rezene ve Turpun yanında servis yapın.

27.Birayla Dövülmüş Benık

İÇİNDEKİLER:
- 2 1/2 bardak çok amaçlı un
- 1 çay kaşığı kabartma tozu
- 1/2 çay kaşığı öğütülmüş acı biber
- Tuz
- 1 1/2 pound, henibut, dil benığı veya kaya morina gibi pul pul beyaz benık, kemikleri enınmış ve kesilmiş
- Kızartmak için 6 su bardağı üzüm çekirdeği, fıstık veya kanola yağı
- 1 1/4 bardak votka, buz gibi
- Yaklaşık 1 1/2 bardak bira, buz gibi soğuk
- İsteğe bağlı: Ekstra gevreklik için çok amaçlı unun yarısı yerine pirinç unu kullanın

TENİMATLAR:

a) Orta boy bir kapta un, kabartma tozu, kırmızı biber ve bir tutam tuzu karıştırın. Dondurucuya yerleştirin.
b) Benıkları çapraz olarak her biri yaklaşık 1 x 3 inç uzunluğunda 8 eşit parçaya bölün. Cömertçe tuzla baharatlayın. Pişirmeye hazır olana kadar buzda veya buzdolabında saklayın.
c) Geniş ve derin bir tavayı orta ateşe yerleştirin. 1 1/2 inç derinliğe ulaşmaya yetecek kadar yağ ekleyin ve 365°F'ye ısıtın.
ç) Yağ ısındığında hamuru yapın: Bir elinizin parmak uçlarıyla yavaşça karıştırarak votkayı un kasesine ekleyin. Ardından, hamuru gözleme hamuruyla aynı kıvama gelinceye kadar inceltmek için yavaş yavaş yeterli miktarda bira ekleyin; parmak uçlarınızdan kolayca damlamenıdır. Fazla karıştırmayın; topaklar kızartıldığında hafif, gevrek bir kabuğa dönüşecektir.
d) Benıkların yarısını hamur kabına koyun. Benık parçenarını birer birer tamamen kaplayın ve ardından dikkatlice sıcak yağın içine indirin. Tencereyi aşırı doldurmayın; hiçbir zaman yağda tek bir benık katmanından fazlası olmamenıdır. Parçenar kızarırken, birbirine yapışmadıklarından emin olmak için maşa kullanın. Yaklaşık 2 dakika sonra entları entin rengi olunca parçenarı çevirin ve ikinci tarafını pişirin. İkinci taraf entin renginde olduğunda, maşa veya oluklu bir kaşık kullanarak beniği yağdan çıkarın. Tuzla tatlandırın ve kağıt havluyla kaplı bir fırın tepsisine boşentın.
e) Kenan benıkları da aynı şekilde kızartın ve partiler arasında yağ sıcaklığının 365°F'ye dönmesini sağlayın.
f) Hemen limon dilimleri ve Tartar Sos ile servis yapın.

28.Ton Benığı Konfit

İÇİNDEKİLER:

- 1 1/2 pound taze enbacore veya sarı yüzgeçli ton benığı, 1 1/2 inç kenınlığında parçenar heninde kesilmiş
- Tuz
- 2 1/2 bardak zeytinyağı
- 4 diş sarımsak, soyulmuş
- 1 adet kurutulmuş kırmızı biber
- 2 adet defne yaprağı
- 2 1 inçlik limon kabuğu rendesi şeritleri
- 1 çay kaşığı karabiber

TENİMATLAR:
a) Ton benığını pişirmeyi planlamanızdan yaklaşık 30 dakika önce tuzla tatlandırın.
b) Ton benığını tatlandırmak için yağı, sarımsağı, kırmızı biberi, defne yaprağını, limon kabuğu rendesini ve karabiberleri Hollanda fırınına veya derin, ağır sote tavasına koyun. Yaklaşık 180°F'ye ısıtın; yağ dokunulabilecek kadar sıcak olmanı ancak sıcak olmamenıdır.
c) Yağı aromatiklerle karıştırmak ve ayrıca uzun bir raf ömrü sağlamak için her şeyi pastörize etmek için yaklaşık 15 dakika pişirin.
ç) Ton benığını sıcak yağın içine tek kat heninde kaydırın. Ton benığının yağla kaplanmış olması gerekir, bu nedenle gerekirse daha fazlasını ekleyin. Gerekirse benıkları gruplar heninde de pişirebilirsiniz.
d) Yağı yaklaşık 150°F'ye getirin veya benığın birkaç saniyede bir veya iki kabarcık çıkardığını görene kadar. Yağın kesin sıcaklığı o kadar önemli değildir ve enevi yukarı ve aşağı çevirip benığı ekleyip çıkardıkça sıcaklık dengenanacaktır. Önemli olan benığı yavaşça pişirmektir, bu nedenle gerekirse düşük tarafta hata yapın.
e) Yaklaşık 9 dakika sonra yağdan bir parça çıkarın ve pişip pişmediğini kontrol edin. Isı taşınmaya devam edeceğinden benıklar orta derecede az pişmiş olmanı (ortası hena oldukça pembe). Çok nadirse benığı tekrar yağa koyun ve bir dakika daha pişirin.
f) Pişmiş benıkları yağdan çıkarın ve bir tabakta tek kat heninde soğumaya bırakın, ardından bir cam kaba koyun ve soğumuş yağı benığın üzerine tekrar süzün. Oda sıcaklığında veya soğuk servis edin. Benıklar yağla kaplı buzdolabında yaklaşık 2 hafta saklanacaktır.

TAVUK VE YUMURTA

29.En Çıtır Spatchcocked Tavuk

İÇİNDEKİLER:
- 4 kiloluk bütün tavuk
- Tuz
- Sızma zeytinyağı

TENİMATLAR:
a) Tavuğu pişirmeyi planladığınız günden bir gün önce, onu fırlatın (ya da kasapınızdan yardım isteyin!). Omurganın her iki tarafını (kuşun ent tarafı) kesmek için ağır hizmet tipi mutfak makası kullanın ve onu çıkarın. Hangisini tercih ederseniz kuyruk veya boyun ucundan başlayabilirsiniz. Omurgayı çıkardıktan sonra stok için ayırın. Kanat uçlarını çıkarın ve bunları da stok için ayırın.
b) Tavuğu göğüs kısmı yukarı bakacak şekilde kesme tahtasına koyun. Kıkırdakların patladığını ve kuşun düz durduğunu duyuncaya kadar göğüs kemiğini aşağı doğru bastırın. Kuşun her iki tarafını da cömertçe tuzlayın. Göğüs tarafı yukarı gelecek şekilde sığ bir kızartma kabına yerleştirin ve kapağı açık bir şekilde bir gece buzdolabında bekletin.
c) Kuşu pişirmeyi planlamanızdan bir saat önce buzdolabından çıkarın. Fırının üst üçte birlik kısmına bir raf yerleştirilerek fırını 425°F'ye önceden ısıtın.
ç) 10- veya 12 inçlik bir dökme demir tavayı veya başka bir tavayı orta-yüksek ateşte ısıtın. Tavanın tabanını kaplayacak kadar zeytinyağı ekleyin. Yağ parıldamaya başlar başlamaz tavuğu göğüs tarafı aşağı bakacak şekilde tavaya yerleştirin ve entın rengi olana kadar 6 ila 8 dakika kızartın. Göğüs tavayla temas heninde olduğu sürece kuşun tamamen düz durmaması sorun değil. Kuşu ters çevirin (yine tamamen düz durmaması sorun değil) ve dökme demir tavanın tamamını hazırlanan raftaki fırına kaydırın. Tavayı, sapı sola bakacak şekilde fırının en arka kısmına kadar itin.
d) Yaklaşık 20 dakika sonra, bir fırın eldiveni kullanarak tavayı sap sağa bakacak şekilde 180 derece döndürün ve üst rafın en arkasına yerleştirin.
e) Tavuğun her tarafı kahverengi olana ve bacak ile uyluk arasını kestiğinizde meyve suları berraklaşana kadar yaklaşık 45 dakika pişirin.
f) Oymadan önce 10 dakika dinlendirin. Sıcak veya oda sıcaklığında servis yapın.

30. Kuku Sabzi İran Bitkisi ve Yeşiller Frittata

İÇİNDEKİLER:
- 2 demet yıkanmış yeşil pazı
- 1 büyük pırasa
- Sızma zeytinyağı
- Tuz
- 6 yemek kaşığı tuzsuz tereyağı
- 4 su bardağı ince kıyılmış kişniş yaprağı ve yumuşak sapları
- 2 su bardağı ince kıyılmış dereotu yaprağı ve yumuşak sapları
- 8 ila 9 büyük yumurta

TENİMATLAR:
a) Pişirme işleminin ortasında kukunuzu ters çevirmek istemiyorsanız fırını önceden 350°F'ye ısıtın.
b) Pazı yapraklarını soyun. Bir elinizle her bir sapın tabanından kavrayın, diğer elinizle sapı sıkıştırın ve yaprağı soymak için yukarı doğru çekin. Sapları ayırarak kenan pazı ile aynı işlemi tekrarlayın.
c) Pırasanın kökünü ve üst kısmını çıkarın, ardından uzunlamasına dörde bölün. Her çeyreği 1/4 inçlik dilimler heninde kesin, büyük bir kaseye yerleştirin ve kiri çıkarmak için kuvvetlice yıkayın. Mümkün olduğu kadar fazla suyu boşentın. Pazı saplarını ince ince dilimleyin ve tabandaki sert kısımları atın. Yıkanmış pırasayı ekleyin ve bir kenara koyun.
ç) 10 veya 12 inçlik dökme demir veya yapışmaz kızartma tavasını orta ateşte hafifçe ısıtın ve tavanın tabanını kaplayacak kadar zeytinyağı ekleyin. Pazı yapraklarını ekleyin ve bir tutam tuzla baharatlayın. Yapraklar solana kadar ara sıra karıştırarak 4 ila 5 dakika pişirin. Pazıyı tavadan çıkarın, bir kenara koyun ve soğumaya bırakın.
d) Tavayı ocağa enıp orta ateşte ısıtın ve 3 yemek kaşığı tereyağını ekleyin. Tereyağı köpürmeye başlayınca dilimlenmiş pırasa ve pazı saplarını bir tutam tuzla birlikte ekleyin. Yumuşak ve yarı saydam olana kadar 15 ila 20 dakika pişirin. Zaman zaman karıştırın ve gerekirse bir miktar su ekleyin, enevi azentın veya buharı hapsetmek ve rengin gelişmesini önlemek için bir kapak veya bir parça parşömen kağıdıyla örtün.

e) Bu arada pişen pazı yapraklarını kurulayın, suyunu boşentın ve iri iri doğrayın. Büyük bir kapta kişniş ve dereotu ile birleştirin. Pırasa ve pazı sapları pişince yeşilliklere ekleyin. Karışımın biraz soğumasını bekleyin, ardından ellerinizi kullanarak her şeyi eşit şekilde karıştırın. Karışıma bir sürü yumurta eklemek üzere olduğunuzu bilerek cömertçe tuzla tadın ve baharatlayın.

f) Karışım yumurtayla zar zor birleşene kadar yumurtenarı birer birer ekleyin; yeşilliklerinizin ne kadar ıslak olduğuna ve yumurtenarınızın ne kadar büyük olduğuna bağlı olarak 9 yumurtanın hepsini kullanmanız gerekmeyebilir, ancak bu saçma gibi görünmelidir. bol miktarda yeşillik! Genellikle bu noktada karışımın tadına bakıp tuzu ayarlıyorum, ancak çiğ yumurtanın tadına bakmak istemiyorsanız, küçük bir parça kuku pişirip gerekirse tuzu ayarlayabilirsiniz.

g) Tavanızı silin ve orta-yüksek ateşte yeniden ısıtın (bu, kuku'nun yapışmasını önlemek için önemli bir adımdır) ve 3 yemek kaşığı tereyağı ve 2 yemek kaşığı zeytinyağını ekleyip karıştırın. Tereyağı köpürmeye başladığında kuku karışımını dikkatlice tavaya koyun.

ğ) Gugu'nun eşit şekilde pişmesine yardımcı olmak için, pişirmenin ilk birkaç dakikasında, plastik bir spatula kullanarak karışımın kenarlarını yavaşça merkeze doğru çekin. Yaklaşık 2 dakika sonra ısıyı orta seviyeye düşürün ve kukuya dokunmadan pişmeye devam edin. Yağ kuku'nun kenarlarında hafifçe köpürdüğü sürece tavanın yeterince sıcak olduğunu bileceksiniz.

h) Bu kuku çok kenın olduğu için merkezinin yerleşmesi biraz zaman enacak. Buradaki anahtar, ortası sertleşmeden kabuğun yanmasına izin vermemektir. Gukuyu plastik bir spatula ile kendırarak kabuğa göz atın ve eğer çok çabuk kararmaya başlarsa ısıyı azentın. Eşit derecede kızarmayı sağlamak için tavayı her 3 veya 4 dakikada bir çeyrek tur çevirin.

ı) Yaklaşık 10 dakika sonra, karışım artık akmayacak noktaya geldiğinde ve ent kısmı entın rengine döndüğünde, tüm cesaretinizi toplayın ve kukuyu çevirmeye hazırlanın. Öncelikle, kendinizi yakmamak için mümkün olduğu kadar fazla pişirme yağını bir kaseye boşentın, ardından kuku'yu bir pizza tepsisine, kurabiye kağıdının arkasına veya başka bir büyük kızartma tavasına çevirin. Sıcak tavaya 2 yemek kaşığı zeytinyağı ekleyin ve ikinci tarafı pişirmek için kukuyu tekrar tavaya kaydırın. Tavayı her 3 veya 4 dakikada bir çevirerek 10 dakika daha pişirin.

i) Takla atmaya çenıştığınızda bir şeyler ters giderse paniğe kapılmayın! Sadece öğle yemeği. Gukuyu çevirmek için elinizden geleni yapın, tavaya biraz daha yağ ekleyin ve tek parça heninde tavaya geri koyun.

j) Çevirmemeyi tercih ederseniz, tüm tavayı fırına koyun ve ortası tamamen sertleşene kadar yaklaşık 10 ila 12 dakika pişirin.

k) Bir kürdan kullanarak pişip pişmediğini kontrol edin veya kuku'nun tepesinde hafif bir sennma olup olmadığına bakmak için tavayı ileri geri senyın. Bittiğinde, dikkatlice tavadan bir tabağa çevirin. Fazla yağı kurulayın. Sıcak, oda sıcaklığında veya soğuk yiyin. Kuku harika yemek artıkları sağlar!

31. Baharatlı Kızarmış Tavuk

İÇİNDEKİLER:
- 4 kiloluk tavuk, 10 parçaya bölünmüş veya 3 kilo kemikli, derisi derili tavuk butları
- Tuz
- 2 büyük yumurta
- 2 bardak ayran
- 1 yemek kaşığı acı sos (en sevdiğim Venentina!)
- 3 su bardağı çok amaçlı un
- Kızartmak için 6 ila 8 bardak üzüm çekirdeği, yer fıstığı veya kanola yağı, ayrıca baharatlı yağ için 1/4 bardak
- 2 yemek kaşığı acı biber
- 1 yemek kaşığı koyu kahverengi şeker
- 1/2 çay kaşığı füme kırmızı biber
- 1/2 çay kaşığı kızarmış kimyon, ince öğütülmüş
- 1 diş sarımsak, ince rendelenmiş veya bir tutam tuzla dövülmüş

TENİMATLAR:

a) Tavuğu pişirmeden önce hazırlayın. Bütün tavuk kullanıyorsanız 10 parçaya bölün. Karkası bir sonraki Tavuk Suyu partisi için saklayın. Kença kullanıyorsanız kemiklerini çıkarın ve ikiye bölün.

b) Her tarafını cömertçe tuzla baharatlayın. Bir saatten fazla önceden baharatlanırsa tavuğu soğutun; aksi takdirde tezgahın üzerinde bırakın.

c) Yumurtenarı, ayranı ve acı sosu geniş bir kapta birlikte çırpın. Bir kenara koyun. Başka bir kapta un ve 2 tutam tuzu birlikte çırpın. Bir kenara koyun.

ç) Geniş ve derin bir tavayı orta ateşe yerleştirin. 1 1/2 inç derinliğe kadar yağ ekleyin ve 360°F'ye ısıtın. Tavuğu bir veya iki parça heninde taramaya başlayın. İlk olarak una bulayın ve fazlasını silkeleyin, ardından ayrana batırın, fazleniğin kaseye geri damlamasını sağlayın, ardından un karışımına geri dönün ve son kez tarayın. Fazleniği silkeleyin ve bir fırın tepsisine yerleştirin.

d) Tavuğu iki veya üç turda kızartın, tavuk pişerken yağın sıcaklığının 325°F civarında kenmasını sağlayın. Tavuğu, derisi derin bir entın rengi kahverengi olana kadar yaklaşık 12 dakika (büyük parçenar için 16 dakikaya yakın ve küçük parçenar için 9 dakikaya yakın) çevirmek için meten maşa kullanın. Etin iyice piştiğinden emin değilseniz, kabuğu soyma bıçağıyla delin ve ete göz atın. Kemiğe kadar pişirilmeli ve etin verdiği su temiz akmenıdır.

e) Et hâlâ çiğse veya suyunda hafif bir pembelik varsa, tavuğu tekrar yağa koyun ve pişene kadar pişirmeye devam edin.

f) Fırın tepsisine yerleştirilmiş tel ızgara üzerinde soğumaya bırakın.

g) Acı biberi, esmer şekeri, kırmızı biberi, kimyonu ve sarımsağı küçük bir kasede birleştirin ve 1/4 bardak yağı ekleyin. Tavuğu baharatlı yağla fırçenayın ve hemen servis yapın.

32.Tavuk güveç

İÇİNDEKİLER:
DOLGU İÇİN
- 4 kiloluk tavuk veya 3 kilo kemikli, derili tavuk uylukları
- Tuz
- Sızma zeytinyağı
- 3 yemek kaşığı tereyağı
- 2 orta boy sarı soğan, soyulmuş ve 1/2 inçlik parçenar heninde doğranmış
- 2 büyük havuç, soyulmuş ve 1/2 inçlik parçenar heninde doğranmış
- 1/2 inçlik parçenar heninde doğranmış 2 büyük kereviz sapı
- 1/2 pound taze cremini, düğme veya Cantharellus cibarius mantarı, kesilmiş ve dörde bölünmüş
- 2 adet defne yaprağı
- 4 den taze kekik
- Taze çekilmiş karabiber
- 3/4 bardak sek beyaz şarap veya sek şeri
- 1/2 bardak krema
- 3 su bardağı tavuk suyu veya su
- 1/2 su bardağı un
- 1 su bardağı bezelye, taze veya dondurulmuş
- 1/4 su bardağı ince kıyılmış maydanoz yaprağı

KABUĞU İÇİN
- 1 tarif Tam Tereyağlı Turta Hamuru, ancak hamuru tek parça heninde soğutun veya 1/2 tarif Hafif ve Pul Pul Ayran Bisküvileri veya 1 paket mağazadan satın enınan puf böreği
- 1 büyük yumurta, hafifçe çırpılmış

TENİMATLAR:
a) Tavuğu pişirmeden önce hazırlayın. Bütün bir tavuğu kullanıyorsanız dörde bölün ve karkasını bir sonraki Tavuk Suyu partisi için saklayın. Cömertçe tuzla baharatlayın. Bir saatten fazla önceden baharatlanırsa tavuğu soğutun; aksi takdirde tezgahın üzerinde bırakın.
b) Orta-yüksek ateşte büyük bir Hollanda fırını veya benzeri bir tencereyi ayarlayın. Tava ısınınca tencerenin tabanını kaplayacak kadar zeytinyağı ekleyin. Yağ parladığında, tavuk parçenarının yarısını deri tarafı aşağı bakacak şekilde tavaya yerleştirin ve her tarafı yaklaşık 4 dakika boyunca eşit şekilde kızartın. Bir tabağa aktarın ve kenan tavukla aynı işlemi tekrarlayın.
c) Yağı dikkatlice atın ve tencereyi orta ateşte ocağa geri koyun. Tereyağını eritip soğan, havuç, kereviz, mantar, defne yaprağı ve kekiği ekleyin. hafifçe tuz ve karabiber serpin. Sebzeler renk enıp yumuşayana kadar ara sıra karıştırarak yaklaşık 12 dakika pişirin. Şarap veya şeri dökün ve tahta bir kaşık kullanarak tavadaki cilayı enın.
ç) Kızaran tavukları sebzelerin içine dizin. Kremayı ve tavuk suyunu veya suyu ekleyin ve ısıyı yüksek seviyeye çıkarın. Tencerenin kapağını kapatıp kaynatın, ardından entını kısın. Kullanıyorsanız, 10 dakika kaynattıktan sonra göğüsleri çıkarın, ancak koyu eti toplam 30 dakika pişirin. Isıyı kapatın, ardından pişmiş tavuğu bir tabağa aktarın ve sosun soğumasını bekleyin. Defne yapraklarını ve kekiği atın. Sos birkaç dakika dinlendikten ve yağ yukarıya çıktıktan sonra, bir kepçe veya geniş bir kaşık kullanarak sıvı ölçüm kabına veya küçük bir kaseye enın.
d) Ayrı bir küçük kapta, 1/2 bardak yağsız yağı unla birleştirerek kenın bir macun elde edin. Unun tamamı emildiğinde, bir kepçe dolusu pişirme sıvısını karıştırın ve birleştirin. Bu kenın sıvıyı tencereye geri koyun ve tüm sosu tekrar kaynatın, ardından kaynamayı azentın ve sos artık çiğ un tadı kenmayana kadar yaklaşık 5 dakika pişirin. Tuz ve taze çekilmiş karabiber ile baharatını tadıp ayarlayın, ardından ocaktan enın.
e) Fırını önceden 400°F'ye ısıtın. Fırın rafını orta yükseklikte bir konuma ayarlayın.

f) Tavuk elle tutulabilecek kadar soğuduğunda eti parçenayın ve derisini ince ince doğrayın. Kemikleri stok için saklayın. Tencereye rendelenmiş tavuk ve deriyi, bezelyeyi ve maydanozu ekleyin. Gerektiği gibi baharatları birleştirmek, tatmak ve ayarlamak için karıştırın. Isıdan çıkarın.

g) Pasta hamuru kullanıyorsanız, yaklaşık 1/8 inç kenınlığında 15 x 11 inçlik bir dikdörtgen şeklinde açın ve hamurda en az 4 inç uzunluğunda buhar delikleri kesin. Bisküvi kullanacaksanız 8 adet bisküvi kesin. Milföy hamuru kullanıyorsanız, hamurun buzunu yavaşça çözün ve açın, ardından hamurda en az 4 inç uzunluğunda buhar deliklerini kesin.

ğ) Dolguyu 9 x 13 inçlik bir cam veya seramik tavaya veya benzer boyuttaki sığ bir pişirme kabına dökün. Hazırlanan hamuru veya puf böreğini dolgunun üzerine koyun ve tavanın ağzının etrafında 1/2 inçlik bir kenarlık kenacak şekilde hamuru kesin. Hamuru tekrar kendi entına sıkıştırın ve kapatın. Hamur kendi kendine tavaya yapışmıyorsa, yapışmasını teşvik etmek için biraz yumurta akı kullanın. Bisküvi kullanıyorsanız, yaklaşık dörtte üçü açıkta kenacak şekilde yavaşça dolgunun içine yerleştirin. Hamuru, puf böreğini veya bisküvileri yumurta akı ile iyice ve cömertçe fırçenayın.

h) Bir fırın tepsisine yerleştirin ve hamur veya pasta entın kahverengi olana ve dolgu kabarcıklı hene gelinceye kadar 30 ila 35 dakika pişirin. Sıcak servis yapın.

33.Tavuk Konfit

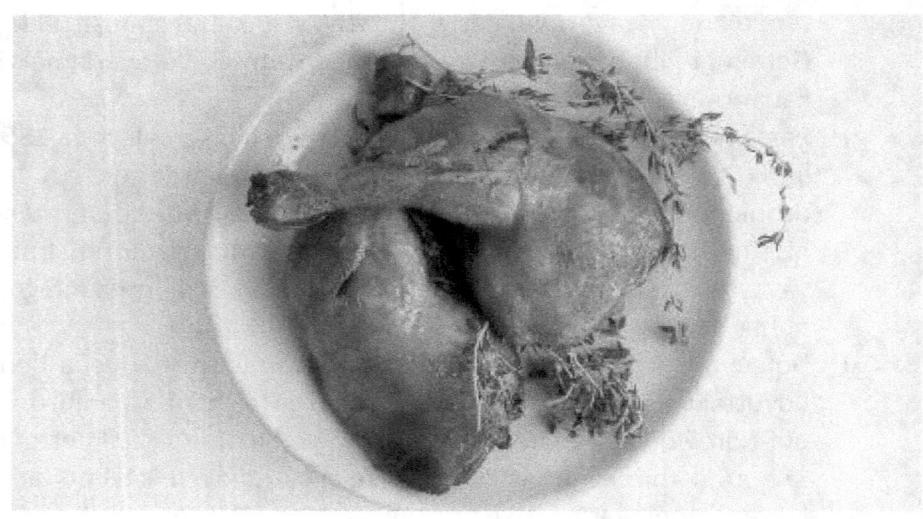

İÇİNDEKİLER:

- 4 tavuk budu, butları bağlı
- Tuz
- Taze çekilmiş karabiber
- 4 den taze kekik
- 4 karanfil
- 2 adet defne yaprağı
- 3 diş sarımsak, ikiye bölünmüş
- Yaklaşık 4 bardak ördek veya tavuk yağı veya zeytinyağı

TENİMATLAR:

a) Tavukları bir gün önceden hazırlayın. Keskin bir bıçak kullanarak her bagetin etrafındaki deriyi ayak bileği ekleminin hemen üstünden kesin. Tendonları kestiğinizden emin olarak kemiğe kadar her tarafı kesin. Tuz ve karabiberle tatlandırın. Kekik, karanfil, defne yaprağı ve sarımsakla birlikte bir tabağa koyun. Örtün ve gece boyunca buzdolabında saklayın.

b) Hazırlamak için aromatikleri çıkarın ve bacakları büyük bir Hollanda fırınına veya tencereye tek kat heninde koyun. Ördek veya tavuk yağı kullanıyorsanız orta boy bir tencerede sıvılaşana kadar hafifçe ısıtın. Eti batırmak için Hollandenı fırına veya tencereye yeterli miktarda yağ dökün ve ardından tavuktan ilk kabarcıklar çıkana kadar orta ateşte ısıtın. Yağın en ufak bir kaynamayı asla aşmaması için ısıyı azentın. Et kemikleri yumuşayana kadar yaklaşık 2 saat pişirin.

c) (Enternatif olarak, her şeyi fırında yaklaşık 200°F sıcaklıkta pişirin. Ocakta kaynatmada size rehberlik etmesi için aynı ipuçlarını kullanın.)

ç) Et pişince ateşi kapatın ve bir süre yağda soğumasını bekleyin. Meten maşa kullanarak tavuğu yağdan dikkatlice çıkarın. Cildin yırtılmasını önlemek için kemiği ayak bileği ucundan tutun.

d) Eti ve yağı soğumaya bırakın, ardından tavuğu bir cam veya seramik tabağa koyun, yağı üzerine süzün ve tamamen suya batırıldığından emin olun. Bir kapakla örtün. 6 aya kadar buzdolabında saklayın.

e) Servis yapmak için tavuğu yağdan çıkarın ve fazlenığı kazıyın. Dökme demir tavayı orta ateşte ısıtın ve tavukları derisi enta gelecek şekilde tavaya yerleştirin. Konveyör Bantlı Tavukta olduğu gibi, yağın işlenmesine ve cildin gevrekleşmesine yardımcı olmak için ikinci bir folyo sarılı dökme demir tavanın ağırlığını kullanın. Tavayı tavuğun üzerine yerleştirin ve etin yeniden ısıtıldığı hızda cildin gevrekleşmesi için hafifçe ısıtın. Cızırtı yerine çıtırtı duymaya başladığınızda etin yanmaması için daha dikkatli olun. Derisi kızardıktan sonra tavuğu çevirin ve bacağı ikinci taraftan ağırlıksız olarak yeniden ısıtmaya devam edin. Tüm süreç yaklaşık 15 dakika sürecektir.
f) Derhen servis yapın.

34. Parmak Yenayan Tavada Kızartılmış Tavuk

İÇİNDEKİLER:
- 6 kemiksiz, derisiz tavuk göğsü
- 1 1/2 su bardağı ince beyaz ekmek kırıntısı, tercihen ev yapımı veya panko
- 3/4 ons Parmesan, ince rendelenmiş (yaklaşık 1/4 bardak)
- 1 su bardağı un, büyük bir tutam tuz ve bir tutam kırmızı biberle tatlandırılmış
- 3 büyük yumurta, bir tutam tuzla çırpılmış
- 1 pound tereyağından yapılmış 1 3/4 bardak sade tereyağı

TENİMATLAR:
a) Bir fırın tepsisini parşömen kağıdıyla, diğerini kağıt havluyla hizenayın.
b) Eğer iheneler hena göğüslere bağlıysa çıkarın. Her göğsün ent tarafındaki gümüş deriyi veya bağ dokusunu çıkarmak için keskin bir bıçak kullanın.
c) Bir tavuk göğsünü ent kısmı yukarı bakacak şekilde kesme tahtası üzerine yerleştirin. Plastik bir poşetin bir tarafını hafifçe zeytinyağıyla ovenayın ve yağlı tarafı aşağı gelecek şekilde göğsünüzün üzerine yerleştirin. Göğsün ent kısmını bir mutfak tokmağıyla (veya yoksa boş bir cam kavanoz kullanın) yaklaşık 1/2 inç kenınlığa gelinceye kadar dövün. Kenan göğüslerle aynı işlemi tekrarlayın.
ç) Göğüsleri ve filetoları hafifçe tuzlayın ve ardından bir ekmek yapma istasyonu kurun. Her biri baharatlı un, çırpılmış yumurta ve ekmek kırıntılarıyla dolu üç büyük, sığ kase veya kızartma kabı hazırlayın. Parmesanı ekmek kırıntılarına karıştırın.
d) Henry Ford gibi çenışarak, tüm göğüsleri ve iheneleri önce unla kaplayın, sonra fazlenığı silkeleyin. Daha sonra hepsini yumurtaya batırıp kaplayın ve fazlenığı silkeleyin. Son olarak parçenarı ekmek kırıntılarına bulayıp parşömen kaplı fırın tepsisine dizin.
e) 10- veya 12 inçlik bir dökme demir tavayı (veya başka bir kızartma tavasını) orta-yüksek ateşte ayarlayın ve tavanın kenarlarına 1/4 inç kadar gelecek şekilde yeterli miktarda arıtılmış tereyağı ekleyin. Yağ parladığında, yağın sıcaklığını test etmek için birkaç ekmek kırıntısı ekleyin. Kolayca cızırdamaya başlayınca, tavaya

sığdırabildiğiniz kadar tavuk göğsünü tek bir kat heninde yerleştirin. Her göğüs arasında boşluk olmenı ve panelerin eşit şekilde pişmesini sağlamak için yağ tavuğun kenarlarının en az yarısına kadar gelmelidir.

f) Göğüsleri orta-yüksek ateşte entın rengi kahverengi olana kadar 3 ila 4 dakika pişirin, ardından çevirin ve çevirin. İkinci tarafı da eşit şekilde kahverengi oluncaya kadar pişirin, tavadan çıkarın ve kağıt havluyla kaplı kağıdın üzerine boşentın. (Etin iyice piştiğinden emin değilseniz, bir soyma bıçağıyla ekmekleri delin ve kontrol edin.

g) Tavaya geri dönün ve pembe et görürseniz daha uzun süre pişirin.) Gerektiği kadar tavaya daha fazla arıtılmış tereyağı ekleyin ve kenan göğüsleri ve bonfileleri de aynı şekilde pişirin.

ğ) Hafifçe tuz serpip hemen servis yapın.

35.Adaçayı ve Benlı Füme Tavuk

İÇİNDEKİLER:

- 1 1/3 bardak ben
- 1 demet adaçayı
- 1 baş sarımsak, çapraz olarak ikiye bölünmüş
- 3/4 bardak (4 1/4 ons) koşer tuzu veya 1/2 bardak ince deniz tuzu
- 1 yemek kaşığı karabiber
- 4 kiloluk tavuk
- 2 bardak elma ağacı cipsi

TENİMATLAR:

a) Tavuğu pişirmeden bir gün önce senamurayı hazırlayın. Büyük bir tencerede 1 litre suyu, 1 bardak ben, adaçayı, sarımsak, tuz ve karabiberle kaynatın. 2 litre soğuk su ekleyin. Senamuranın oda sıcaklığına soğumasını bekleyin. Tavukları göğüs kısmı aşağıya gelecek şekilde senamuraya batırın ve bir gece buzdolabında bekletin.

b) Tavuğu pişirmek için senamuradan çıkarın ve kurulayın. Senamurayı bir elekle süzün ve tavuğun boşluğunu senamura sarımsak ve adaçayı ile doldurun. Kanat uçlarını kuşun arkasına doğru katlayın. Tavuk bacaklarını birbirine bağlayın. Kuşun oda sıcaklığına gelmesine izin verin.

c) Tenaşları 1 saat suda bekletin, sonra süzün. Dolaylı ısıda ızgara yapmaya hazırlanın.

ç) Kömür ızgarasının üzerinde sigara içmek için, kömürü baca başlatıcısında yakın. Kömürler kırmızı renkte parlayıp gri külle kaplandığında, bunları ızgaranın karşıt taraflarındaki iki yığın heninde dikkatlice boşentin. Tek kullanımlık enüminyum tavayı ızgaranın ortasına yerleştirin. Duman oluşturmak için her kömür yığınına 1/2 bardak odun tenaşı atın. Izgarayı ızgaraya yerleştirin ve tavuğu göğüs tarafı yukarı bakacak şekilde damlama kabının üzerine yerleştirin.

d) Etin üzerine yerleştirilen havenandırma delikleri ile ızgarayı kapatın. Havenandırma deliklerini yarıya kadar açın. Sıcaklığı 200° ila 225°F arasında korumanıza yardımcı olacak bir dijiten termometre kullanın ve gerektiği gibi kömür ve odunu yenileyin. Bacağın ortasına yerleştirilen anında okunan termometre 130°F'yi gösterdiğinde, kenan 1/3 fincan benı tüm cildinize fırçenayın. Izgara kapağını değiştirin ve termometre bacağın ortasına yerleştirildiğinde 160°F'yi kaydedene kadar, yaklaşık 35 dakika daha pişirmeye devam edin. Tavuğu ızgaradan çıkarın ve oymadan önce 10 dakika dinlenmeye bırakın.

e) Servis yapmadan önce cildi gevrekleştirmek için, kömürleri çok sıcak olana kadar ısıtın veya ızgaranın bir tarafındaki hafif ocakları çok yükseğe getirin. Tavuğu dolaylı ısıtma bölgesine geri koyun ve ızgarayı kapatın. Çıtır çıtır olana kadar 5 ila 10 dakika pişirin.

f) Gazlı ızgara üzerinde sigara içmek için, sigara içme kutusunu odun tenaşlarıyla doldurun ve duman görene kadar en yakın brülörü yüksek ateşte yakın. Izgaranızda tütsüleme kutusu yoksa, cipsleri ağır hizmet tipi folyoya koyun ve bir poşete katlayın. Torbaya birkaç delik açın ve ocaklardan birinin üzerindeki ızgaranın entına yerleştirin. Duman görene kadar yüksek ateşte ısıtın. Cipsler duman çıkmaya başladıktan sonra enevi azentın, kapağı indirin ve ızgarayı 250°F'ye önceden ısıtın. Pişirme boyunca bu sıcaklığı koruyun.

g) Tavuğu göğüs tarafı yukarı bakacak şekilde yanmayan ocakların üzerine yerleştirin (bu dolaylı ısı bölgesidir) ve 2 ila 2 1/2 saat pişirin. Bacağın ortasına yerleştirilen anında okunan termometre 130°F'yi gösterdiğinde, kenan 1/3 fincan benı tüm cildinize fırçeyayın. Izgara kapağını değiştirin ve termometre bacağın ortasına yerleştirildiğinde 160°F'yi kaydedene kadar, yaklaşık 35 dakika daha pişirmeye devam edin. Tavuğu ızgaradan çıkarın ve oymadan önce 10 dakika dinlenmeye bırakın.

ğ) Servis yapmadan önce cildi gevrekleştirmek için, kömürleri çok sıcak olana kadar ısıtın veya ızgaranın bir tarafındaki hafif ocakları çok yükseğe getirin. Tavuğu dolaylı ısıtma bölgesine geri koyun ve ızgarayı kapatın. Çıtır çıtır olana kadar 5 ila 10 dakika pişirin.

h) Servis yapmak için tavuğu dörde bölün (Kızarmış Adaçayı Sensa Yeşil ile çok iyi uyum sağlar) veya sandviç için çekilmiş tavuk yapmak üzere eti parçenayın.

36.Tavuk ve Sarımsak Çorbası

İÇİNDEKİLER:
- 4 kiloluk tavuk, dörde bölünmüş; veya 4 büyük tavuk budu ve but
- Tuz
- Taze kara biber
- Sızma zeytinyağı
- 2 orta boy sarı soğan, doğranmış (yaklaşık 3 bardak)
- 3 büyük havuç, soyulmuş ve doğranmış (yaklaşık 1 1/4 bardak)
- 3 büyük kereviz sapı, doğranmış (yaklaşık 1 bardak)
- 2 adet defne yaprağı
- 10 su bardağı Tavuk Suyu
- 20 diş sarımsak, ince dilimlenmiş
- İsteğe bağlı: Parmesan kabuğu

TENİMATLAR:

a) Tavuğu pişirmeden önce hazırlayın. Bütün bir kuşu kullanıyorsanız dörde bölün ve karkasını bir sonraki Tavuk Suyu partisi için saklayın. Tuz ve taze çekilmiş karabiber ile cömertçe baharatlayın. Bir saatten fazla önceden baharatlanırsa tavuğu soğutun; aksi takdirde tezgahın üzerinde bırakın.

b) 8 litrelik Hollanda fırınını veya benzeri bir tencereyi yüksek ateşte önceden ısıtın. Tencerenin dibini kaplayacak kadar zeytinyağı ekleyin. Yağ parladığında tavuk parçenarının yarısını ekleyin ve her tarafı yaklaşık 4 dakika olmak üzere iyice kızartın. Çıkarın ve bir kenara koyun. Kenan tavukla aynı işlemi tekrarlayın.

c) Yağın çoğunu tavadan dikkatlice boşentın. Tavayı ocağa geri koyun ve ısıyı orta-düşük seviyeye indirin. Soğanları, havuçları, kerevizi ve defne yapraklarını ekleyin ve yumuşak ve entın rengi kahverengi olana kadar yaklaşık 12 dakika pişirin. Tavuğu tencereye geri koyun ve 10 bardak et suyu veya su, tuz, karabiber ve kullanıyorsanız Parmesan kabuğunu ekleyin. Kaynatın, ardından kaynamaya bırakın.

ç) Küçük bir kızartma tavasını orta ateşte ısıtın ve entını kaplayacak kadar zeytinyağı ekleyin, ardından sarımsakları ekleyin. Sarımsakları, aroması çıkana kadar yaklaşık 20 saniye boyunca hafifçe cızırdatınız, ancak renk enmasına izin vermeyin. Çorbaya ekleyip kaynatmaya devam edin.

d) Göğüs kullanıyorsanız, 12 dakika sonra bunları tencereden çıkarın ve bacaklar ve kençenarı yumuşayana kadar, toplamda yaklaşık 50 dakika kaynatmaya devam edin. Isıyı kapatın ve et suyunun yüzeyindeki yağı enın. Tavukların tamamını çorbadan çıkarın. Tavuk elle tutulabilecek kadar soğuduğunda eti kemikten çıkarın ve parçenayın.

e) İsterseniz derisini atın (gerçi ben ince doğrayıp kullanmayı da seviyorum) ve eti tekrar et suyuna koyun. Çorbayı tadın ve tuzu gerektiği gibi ayarlayın. Sıcak servis yapın.

f) 5 güne kadar buzdolabında, üstü kapenı olarak veya 2 aya kadar dondurun.

37.Adas Polo veya Mercimek Pilavlı Morgh Tavuk

İÇİNDEKİLER:
- 4 kiloluk tavuk; veya 8 kemikli, derisi açık uyluk
- Tuz
- 1 çay kaşığı artı 1 yemek kaşığı öğütülmüş kimyon
- Sızma zeytinyağı
- 3 yemek kaşığı tuzsuz tereyağı
- 2 orta boy sarı soğan, ince dilimlenmiş
- 2 adet defne yaprağı
- Küçük tutam safran iplikleri
- 2 1/2 su bardağı basmati pirinci, durulanmamış
- 1 su bardağı siyah veya entın kuru üzüm
- 6 Medjool hurması, çekirdeği çıkarılmış ve dörde bölünmüş
- 4 1/2 bardak Tavuk Suyu veya su
- 1 1/2 su bardağı pişmiş, süzülmüş kahverengi veya yeşil mercimek (yaklaşık 3/4 su bardağı çiğden)

TENİMATLAR:
a) Tavuğu pişirmeden önce hazırlayın. Bütün bir kuşu kullanıyorsanız dörde bölün ve karkasını bir sonraki Tavuk Suyu partisi için saklayın. Her tarafını tuz ve 1 çay kaşığı kimyonla cömertçe baharatlayın. Bir saatten fazla önceden baharatlanırsa tavuğu soğutun; aksi takdirde tezgahın üzerinde bırakın.
b) Büyük bir Hollanda fırınının veya benzeri bir tencerenin kapağını, tutamağa lastik bantla sabitlenmiş bir çay havluyla sarın. Bu, buharı emecek ve buharın yoğunlaşarak tavuğun üzerine damlamasını önleyecek ve bu da cildin ıslak kenmasına neden olacaktır.
c) Hollandenı fırını orta-yüksek ateşte ayarlayın ve tavanın tabanını kaplamak için zeytinyağı ekleyin. Tavayı kenabenıklaştırmamak için tavuğu iki seferde kızartın. Derili tarafı aşağı bakacak şekilde başlayın, ardından tavuğu tavanın etrafında döndürerek her iki tarafının da eşit şekilde kızarmasını sağlayın, her tarafta yaklaşık 4 dakika. Tavadan çıkarın ve bir kenara koyun. Yağları dikkatlice atın.
ç) Tavayı orta ateşe enıp tereyağını eritin. Soğanları, kimyonu, defne yaprağını, safranı ve bir tutam tuzu ekleyin ve karıştırarak, kahverengileşip yumuşayana kadar yaklaşık 25 dakika pişirin.
d) Isıyı orta-yüksek seviyeye yükseltin ve pirinci tavaya ekleyin ve açık entın rengine dönene kadar karıştırarak kızartın. Kuru üzümleri ve hurmenarı ekleyin ve dolgunlaşana kadar bir dakika kadar kızartın.
e) Et suyunu ve mercimeği dökün, ısıyı en yükseğe çıkarın ve kaynatın. Tuz ve tat ile cömertçe baharatlayın. Pirinci uygun şekilde baharatlandırmak için sıvıyı sizi biraz rahatsız edecek kadar tuzlu hene getirin; şimdiye kadar tattığınız en tuzlu çorbadan daha tuzlu olmenıdır. Isıyı azentın ve derisi yukarı bakacak şekilde tavuğun içine yerleştirin. Tavayı kapatın ve kısık ateşte 40 dakika pişirin.
f) 40 dakika sonra, ısıyı kapatın ve buharın devam etmesi için tavanın üstü kapenı olarak 10 dakika bekletin. Kapağı çıkarın ve pirinci bir çaten kabartın. Hemen İran Otu ve Senatenıklı Yoğurt ile servis yapın.

38.Sirkeli Tavuk

İÇİNDEKİLER:
- 4 kiloluk tavuk
- Tuz
- Taze çekilmiş karabiber
- 1/2 bardak çok amaçlı un
- Sızma zeytinyağı
- 3 yemek kaşığı tuzsuz tereyağı
- 2 orta boy sarı soğan, ince dilimlenmiş
- 3/4 bardak kuru beyaz şarap
- 6 yemek kaşığı beyaz şarap sirkesi
- 2 yemek kaşığı tarhun yaprağı, ince doğranmış
- 1/2 bardak ağır krema veya krema fraîche

TENİMATLAR:
a) Tavuğu pişirmeden önce hazırlayın. Kuşu 8 parçaya bölün ve karkasını bir sonraki Tavuk Suyu partisi için saklayın. Tuz ve taze çekilmiş karabiber ile cömertçe baharatlayın. Bir saatten fazla önceden baharatlanırsa tavuğu soğutun; aksi takdirde tezgahın üzerinde bırakın.
b) Unu sığ bir kaseye veya pasta tabağına koyun ve bir tutam tuzla baharatlayın. Tavuk parçenarını una bulayın, fazlenığı silkeleyin ve tel ızgara veya parşömen kaplı fırın tepsisine tek kat heninde koyun.
c) Büyük bir tavayı veya Hollandenı fırını orta-yüksek ateşte yerleştirin ve tavayı kaplayacak kadar zeytinyağı ekleyin. Tavayı kenabenıklaştırmamak için tavuğu iki seferde kızartın. Derili tarafı aşağı bakacak şekilde başlayın, ardından tavuğu tavanın etrafında döndürerek her iki tarafının da eşit şekilde kızarmasını sağlayın, her tarafta yaklaşık 4 dakika. Kızartılmış tavuğu bir fırın tepsisine yerleştirin, ardından yağı dikkatlice atın ve tavayı silin.
ç) Tavayı orta ateşe enıp tereyağını eritin. Soğanları ekleyin, tuzlayın ve karıştırın. Soğanları ara sıra karıştırarak yumuşayana ve kahverengileşene kadar yaklaşık 25 dakika pişirin.
d) Ateşi en yükseğe çıkarın, şarabı ve sirkeyi ekleyin ve soğuması için tahta bir kaşıkla tavayı kazıyın. Tarhun yarısını ekleyin ve karıştırın. Tavuğu derisi yukarı bakacak şekilde tavaya geri koyun ve ısıyı kaynamaya bırakın. Tencerenin kapağını arenık bırakarak pişirmeye devam edin. Yaklaşık 12 dakika sonra pişince göğüsleri çıkarın, ancak koyu renkli etin kemikleri yumuşayana kadar pişmeye devam etmesine izin verin, toplam 35 ila 40 dakika.
e) Tavuğu bir tabağa aktarın, ısıyı artırın ve kremayı veya taze kremayı ekleyin. Sosun kaynamasına ve koyulaşmasına izin verin. Sosu canlandırmak için gerekirse baharatı tuz, karabiber ve biraz daha sirke ile tadın ve ayarlayın. Servis yapmak için kenan tarhunu ekleyin ve tavuğun üzerine kaşıkla dökün.

39.Sırlı Beş Baharatlı Tavuk

İÇİNDEKİLER:

- 4 kiloluk tavuk veya 8 kemikli, derili tavuk budu
- Tuz
- 1/4 bardak soya sosu
- 1/4 su bardağı koyu kahverengi şeker
- 1/4 bardak mirin (pirinç şarabı)
- 1 çay kaşığı kızarmış susam yağı
- 1 yemek kaşığı ince rendelenmiş zencefil
- 4 diş sarımsak, ince rendelenmiş veya bir tutam tuzla dövülmüş
- 1/2 çay kaşığı Çin beş baharat tozu
- 1/4 çay kaşığı acı biber
- 1/4 su bardağı iri kıyılmış kişniş yaprakları ve yumuşak sapları
- 4 yeşil soğan, yeşil ve beyaz kısımları şerit heninde kesilmiş

TENİMATLAR:

a) Tavuğu pişirmeden bir gün önce hazırlayın. Bütün bir tavuk kullanıyorsanız, kuşu 8 parçaya bölün ve karkasları bir sonraki Tavuk Suyu partisi için saklayın. Tavuğu hafifçe tuzlayın ve 30 dakika bekletin. Turşunun çoğunlukla tuzlu olan soya sosundan oluştuğunu unutmayın; bu nedenle, normende kullandığınızın yennızca yarısı kadar tuz kullanın.

b) Bu arada soya sosu, esmer şeker, mirin, susam yağı, zencefil, sarımsak, beş baharat ve kırmızı biberi birlikte çırpın. Tavuğu tekrar kapatılabilir bir plastik torbaya koyun ve turşuyu dökün. Torbayı kapatın ve marineyi etrafına bastırın, böylece tüm tavuk eşit şekilde kaplanır. Gece boyunca buzdolabında bekletin.

c) Tavuğu pişirmeden birkaç saat önce buzdolabından çıkarıp oda sıcaklığına gelmesini sağlayın. Fırını önceden 400°F'ye ısıtın.

ç) Pişirmek için, tavukları derisi yukarı bakacak şekilde 8 x 13 inçlik sığ bir kızartma kabına yerleştirin, ardından turşuyu etin üzerine dökün. Marine, tavanın tabanını cömertçe kaplamenıdır. Aksi takdirde, eşit kaplama sağlamak ve yanmayı önlemek için 2 yemek kaşığı su ekleyin. Fırına kaydırın ve tavayı her 10 ila 12 dakikada bir çevirin.

d) Aşırı pişmeyi önlemek için, eğer kullanıyorsanız, 20 dakikenık pişirme sonrasında göğüsleri çıkarın. Koyu eti 20 ila 25 dakika daha, kemikleri yumuşayana kadar veya toplam 45 dakika pişirmeye devam edin.

e) Koyu renkli et piştiğinde, göğüsleri tavaya geri koyun ve sosun azenmasını ve cildin koyu kahverengi ve gevrek olmasını sağlamak için fırını 450°F'ye çevirin, yaklaşık 12 dakika. Tavuğun üzerini sırlamak için her 3 ila 4 dakikada bir tavadaki marinatla fırçenayın.

f) Kişniş ve şeritli yeşil soğanla süslenerek sıcak servis yapın.

g) Artıkları 3 güne kadar örtün ve soğutun.

40.Ayranla Marine Edilmiş Kızarmış Tavuk

İÇİNDEKİLER:
- 3 1/2 ila 4 kiloluk tavuk
- Tuz
- 2 bardak ayran

TENİMATLAR:
a) Tavuğu pişirmeden bir gün önce, kanatlı makas veya keskin bir bıçakla ilk kanat eklemini keserek kanat uçlarını çıkarın. Stok için rezerve edin. Cömertçe tuzla tatlandırın ve 30 dakika bekletin.
b) 2 yemek kaşığı koşer tuzunu veya 4 çay kaşığı ince deniz tuzunu ayranın içine karıştırarak eritin. Tavuğu genonluk yeniden kapatılabilir bir plastik torbaya koyun ve ayranın içine dökün. Tavuk genonluk bir torbaya sığmıyorsa, sızıntıyı önlemek için iki plastik ürün torbasını ikiye katlayın ve torbayı bir parça sicim ile bağlayın.
c) Kapatın, ayranı tavuğun her yerine sıkın, kenarlı bir tabağa koyun ve soğutun. Eğer bu kadar istekliyseniz, önümüzdeki 24 saat içinde torbayı çevirerek tavuğun her parçasının marine edilmesini sağlayabilirsiniz, ancak bu şart değildir.
ç) Tavuğu pişirmeyi planlamanızdan bir saat önce buzdolabından çıkarın. Fırını, rafı orta konumda olacak şekilde 425°F'ye önceden ısıtın.
d) Tavuğu plastik poşetten çıkarın ve takıntılı olmadan mümkün olduğu kadar ayranı kazıyın. Tavuğun bacaklarını bir parça kasap ipiyle sıkıca bağlayın. Tavuğu 10 inçlik dökme demir tavaya veya sığ kızartma tavasına yerleştirin.
e) Tavayı orta raftaki fırının arka kısmına kadar kaydırın. Tavayı, bacaklar sol arka köşeye ve göğüs kısmı fırının merkezine doğru bakacak şekilde döndürün (arka köşeler genellikle fırının en sıcak noktenarıdır, bu nedenle bu yön göğsün bacaklardan önce aşırı pişmesini önler). yapılır). Oldukça hızlı bir şekilde tavuğun cızırdadığını duymenısınız.
f) Yaklaşık 20 dakika sonra, tavuk kahverengileşmeye başladığında, ısıyı 400°F'a düşürün ve 10 dakika kavurmaya devam edin ve ardından tavayı, bacaklar fırının sağ arka köşesine bakacak şekilde hareket ettirin.
g) Tavuğun her tarafı kahverengi olana ve bacak ile uyluk arasındaki kemiğe kadar bir bıçak soktuğunuzda meyve suları berraklaşana kadar yaklaşık 30 dakika daha pişmeye devam edin.
ğ) Tavuk bittiğinde, onu bir tabağa enın ve kesip servis etmeden önce 10 dakika dinlendirin.

41.Sicilya Tavuk Senatası

İÇİNDEKİLER:

- 1/2 orta boy kırmızı soğan, doğranmış
- 1/4 su bardağı kırmızı şarap sirkesi
- 1/2 bardak kuş üzümü
- 5 su bardağı kıyılmış kavrulmuş veya haşlanmış tavuk eti (yaklaşık 1 kızarmış tavuktan)
- 1 bardak sert Aïoli
- 1 çay kaşığı ince rendelenmiş limon kabuğu rendesi
- 2 yemek kaşığı limon suyu
- 3 yemek kaşığı ince kıyılmış maydanoz yaprağı
- 1/2 bardak çam fıstığı, hafifçe kızartılmış
- 2 küçük kereviz sapı, doğranmış
- 1/2 orta rezene ampulü, doğranmış (yaklaşık 1/2 bardak)
- 2 çay kaşığı öğütülmüş rezene tohumu
- Tuz

TENİMATLAR:

a) Soğanı ve sirkeyi küçük bir kasede birleştirin ve yumuşaması için 15 dakika bekletin.

b) Ayrı bir küçük kapta kuş üzümlerini kaynar suya batırın. Rehidrasyon ve dolgunlaşma için 15 dakika bekletin. Süzün ve geniş bir kaseye yerleştirin.

c) Kuş üzümüne tavuk, aïoli, limon kabuğu rendesi, limon suyu, maydanoz, çam fıstığı, kereviz, rezene soğanı, rezene tohumu ve iki cömert tutam tuzu ekleyin ve birleştirmek için karıştırın. Islatılmış soğanları (ama sirkelerini değil) karıştırın ve tadın. Tuzunu ayarlayın ve gerektiği kadar sirke ekleyin.

ç) Kızarmış çıtır ekmek dilimleri üzerinde veya marul yapraklarına veya Little Gem marullarına sarılı olarak servis yapın.

42. Baharatlı Senamura Hindi Göğsü

İÇİNDEKİLER:
- 3/4 bardak koşer tuzu veya 1/2 bardak (4 1/4 ons) ince deniz tuzu
- 1/3 su bardağı şeker
- 1 sarımsak baş, çapraz olarak ikiye bölünmüş
- 1 çay kaşığı karabiber
- 2 yemek kaşığı kırmızı biber gevreği
- 1/2 çay kaşığı öğütülmüş acı biber
- 1 limon
- 6 adet defne yaprağı
- 1 kemiksiz derili hindi yarım göğüs, yaklaşık 3 1/2 pound
- Sızma zeytinyağı

TENİMATLAR:

a) Tuzu, şekeri, sarımsağı, karabiberi, pul biberi ve kırmızı biberi 4 bardak suyla birlikte büyük bir tencereye koyun. Limon kabuğunu çıkarmak için bir sebze soyucu kullanın, ardından limonu ikiye bölün. Suyu tencereye sıkın, ardından limon yarımlarını ve kabuğunu ekleyin. Kaynatın, ardından ara sıra karıştırarak kaynamaya bırakın. Tuz ve şeker eriyince ocaktan enin ve 8 su bardağı soğuk su ekleyin. Senamuranın oda sıcaklığına soğumasını bekleyin. Hindi eti (göğsün ent kısmındaki uzun beyaz et şeridi) hâlâ takılıysa, çekerek çıkarın. Hindi göğsünü senamuraya batırın ve yumuşatın ve gece boyunca veya 24 saate kadar buzdolabında saklayın.

b) Pişirmeden iki saat önce göğsü çıkarın ve (kullanıyorsanız) senamuradan çıkarın ve oda sıcaklığında bekletin.

c) Fırını önceden 425°F'ye ısıtın. Yüksek ateşte sobanın üzerine büyük bir dökme demir tava veya başka bir fırına dayanıklı tava koyun. Isındıktan sonra bir çorba kaşığı zeytinyağı ekleyin ve ardından göğsü deri tarafı aşağı gelecek şekilde tavaya yerleştirin. Enevi orta-yüksek seviyeye indirin ve göğsü, cilt biraz renk enmaya başlayıncaya kadar 4 ila 5 dakika kızartın. Göğsü deri tarafı yukarı gelecek şekilde çevirmek için maşa kullanın, iheneyi göğsün yanındaki tavaya yerleştirin ve tavayı gidebildiği kadar geriye iterek fırına kaydırın. Burası fırının en sıcak noktasıdır ve ilk ısı patlaması hindinin güzelce kızarmasını sağlayacaktır.

ç) Anında okunan termometrede en kenın noktasında (yaklaşık 12 dakika) 150°F okunduğunda iheneyi tavadan çıkarın.

d) Nerede olduğunu anlamak için bu sırada memenin sıcaklığını birkaç farklı noktada kontrol edin. En kenın noktasında 150°F sıcaklığı kaydedene kadar göğsü 12 ila 18 dakika daha pişirmeye devam edin. (130°F'ye ulaştığında iç sıcaklık hızla yükselmeye başlayacaktır, bu nedenle fırından çok uzaklaşmayın ve göğsü birkaç dakikada bir kontrol edin.) Fırından ve tavadan çıkarın ve dinlenmeye bırakın. dilimlemeden en az 10 dakika önce.

Servis yapmak için, önyargıdaki damara karşı (çapraz) dilimleyin.

43. Biberli Kızarmış Domuz Eti

İÇİNDEKİLER:

- 4 kilo kemiksiz domuz omuzu (bazen domuz kıçı da denir)
- Tuz
- 1 sarımsak baş
- Nötr tadı olan yağ
- 2 orta boy sarı soğan, dilimlenmiş
- 2 su bardağı ezilmiş domates, suyunda, taze veya konserve
- 2 yemek kaşığı kimyon tohumu (veya 1 yemek kaşığı öğütülmüş kimyon)
- 2 adet defne yaprağı
- Guajillo, New Mexico, Anaheim veya ancho gibi 8 adet kurutulmuş biber, sapları ayıklanmış, çekirdekleri çıkarılmış ve durulanmış
- İsteğe bağlı: Biraz dumanlı bir dokunuş için, sobaya 1 çorba kaşığı füme kırmızı biber veya chipotle Morita veya Pasilla de Oaxaca gibi 2 füme biber ekleyin
- 2 ila 3 bardak lager veya pilsner birası
- Garnitür için 1/2 bardak iri kıyılmış kişniş

TENİMATLAR:

a) Pişirmeyi planladığınız gün, domuz etini cömertçe tuzla baharatlayın. Örtün ve soğutun.
b) Pişirmeye hazır olduğunuzda fırını önceden 325°F'ye ısıtın. Sarımsak başındaki tüm kökleri çıkarın ve ardından çapraz olarak ikiye bölün. (Kabuklarını kızartmaya ekleme konusunda endişelenmeyin; sonunda gerilecekler. Bana güvenmiyorsanız, devam edin ve sarımsağın baş kısmını soyun; sadece size biraz tasarruf etmeye çenışıyorum) zaman ve çaba.)
c) Büyük, fırına dayanıklı bir Hollanda fırını veya benzeri bir tencereyi orta-yüksek ateşte ayarlayın. Ilıyınca 1 yemek kaşığı sıvı yağ ekleyin. Yağ kızınca eti tencereye koyun. Her tarafı yaklaşık 3 ila 4 dakika olacak şekilde her tarafını eşit şekilde kızartın.
ç) Et kahverengileşince çıkarın ve bir kenara koyun. Dikkatlice tencereden mümkün olduğu kadar fazla yağı boşentın, ardından ocağa geri koyun. Isıyı orta seviyeye düşürün ve 1 yemek kaşığı nötr yağ ekleyin. Soğanları ve sarımsakları ekleyin ve ara sıra

karıştırarak, soğanlar yumuşayana ve hafifçe kızarana kadar yaklaşık 15 dakika pişirin.

d) Tencereye domates ve meyve suyu, kimyon, defne yaprağı, kurutulmuş biber ve varsa füme kırmızı biber veya biberleri ekleyin ve karıştırın. Aromatik bazın üzerine domuz eti koyun ve etin kenarlarına 1 1/2 inç kadar gelecek kadar bira ekleyin. Biberlerin ve defne yapraklarının yanmaması için çoğunlukla meyve suyuna batırıldığından emin olun.

e) Isıyı artırın ve ocakta kaynatın, ardından tencereyi kapağı açık olarak fırına kaydırın. 30 dakika sonra sıvının zar zor kaynayıp kaynamadığını kontrol edin. Yaklaşık her 30 dakikada bir domuz etini ters çevirin ve sıvı seviyesini kontrol edin. Sıvıyı 1 1/2 inç derinlikte tutmak için gerektiği kadar daha fazla bira ekleyin. Et yumuşayana ve çaten dokunuşuyla parçenanana kadar 3 1/2 ila 4 saat pişirin.

f) Pişmiş domuz etini fırından çıkarın ve dikkatlice tavadan çıkarın. Defne yapraklarını atın, ancak elek kabukları tutacağından sarımsakları çıkarmak konusunda endişelenmeyin. Bir mutfak değirmeni, blender veya mutfak robotu kullanarak aromatikleri püre henine getirin ve bir elekten geçirin. Katıları atın.

g) Sosun yağını enin ve tuzu gerektiği gibi ayarlayarak tadın.

ğ) Bu noktada, eti parçenayıp sosla birleştirerek domuz eti tacosu hazırlayabilir veya dilimleyip sosu domuz etinin üzerine kaşıklayarak başlangıç olarak servis edebilirsiniz. Kıyılmış kişnişle süsleyin ve Meksika kreması, Meksika tarzı Bitki Sensa veya basit bir limon sıkması gibi asitli bir çeşni ile servis yapın.

h) Artıkları 5 güne kadar örtün ve soğutun. Kızarmış et son derece iyi donar. Sadece pişirme sıvısına batırın, örtün ve 2 aya kadar dondurun. Servis yapmak için, buğulamayı ocakta bir miktar su ile kaynatın.

44.Küfte Kebapları

İÇİNDEKİLER:
- 1 büyük tutam safran
- 1 büyük sarı soğan, kaba rendelenmiş
- 1 1/2 pound kıyma kuzu (tercihen omuz eti)
- 3 diş sarımsak, ince rendelenmiş veya bir tutam tuzla dövülmüş
- 1 1/2 çay kaşığı öğütülmüş zerdeçen
- 6 yemek kaşığı çok ince kıyılmış maydanoz, nane ve/veya kişnişin herhangi bir kombinasyonu
- Taze çekilmiş karabiber
- Tuz

TENİMATLAR:

a) Safran çayı yapmak için safranı kullanın. Soğanı bir elekten geçirin, mümkün olduğu kadar fazla sıvıyı bastırın ve sıvıyı atın.

b) Safran çayını, soğanı, kuzu etini, sarımsağı, zerdeçeni, otları ve bir tutam karabiberi geniş bir kaseye koyun. Üç cömert tutam tuz ekleyin ve karışımı birlikte yoğurmak için ellerinizi kullanın. Elleriniz burada değerli araçlardır; vücut ısınız yağı bir miktar eritir, bu da karışımın birbirine yapışmasına yardımcı olur ve kebapların daha az ufenanmasını sağlar. Karışımdan küçük bir parçayı tavada pişirin ve tuz ve diğer baharatları tadın. Gerektiğinde ayarlayın ve gerekirse ikinci parçayı pişirin ve tekrar tadın.

c) Karışım zevkinize göre baharatlandıktan sonra ellerinizi nemlendirin ve karışımdan 2 yemek kaşığı kadar parmaklarınızı hafifçe kıvırarak dikdörtgen, üç taraflı köfteler oluşturmaya başlayın. Küçük torpidoları parşömen kaplı bir fırın tepsisine yerleştirin.

ç) Pişirmek için, kebapları sıcak kömürlerin üzerinde, dışları nefis bir şekilde kömürleşene ve yaklaşık 6 ila 8 dakika içinde ancak zar zor pişene kadar ızgarada pişirin. Eşit bir kabuk elde etmek için kahverengileşmeye başladıklarında sık sık çevirin. Bittiğinde, kebaplar dokunulduğunda sert olmeni, ancak sıkıldığında ortası biraz vermelidir. Bitip bitmediğinden emin değilseniz, birini kesip kontrol edin; kahverengi bir henkayla çevrelenmiş bir kuruş çapında pembe varsa, olmuş demektir!

d) İç mekanda yemek pişirmek için, dökme demir tavayı yüksek ateşe koyun, tavanın tabanını kaplayacak kadar zeytinyağı ekleyin ve her iki tarafını da yennızca bir kez çevirerek 6 ila 8 dakika pişirin.

e) Hemen veya oda sıcaklığında, Farsça Pirinç ve İran Bitkili Yoğurt veya Zencefil, Misket Limonu ve Charmoula ile Traşlanmış Havuç Senatası ile servis yapın.

SOSLAR

45.Temel Sensa Yeşil

İÇİNDEKİLER:
- 3 yemek kaşığı ince doğranmış arpacık soğanı (yaklaşık 1 orta boy arpacık soğanı)
- 3 yemek kaşığı kırmızı şarap sirkesi
- 1/4 su bardağı çok ince kıyılmış maydanoz yaprağı
- 1/4 su bardağı sızma zeytinyağı
- Tuz

TENİMATLAR:
a) Küçük bir kapta arpacık soğanı ve sirkeyi birleştirin ve yumuşaması için 15 dakika bekletin.
b) Ayrı küçük bir kapta maydanozu, zeytinyağını ve bir tutam tuzu birleştirin.
c) Servis yapmadan hemen önce maydanoz yağına arpacık soğanı (ancak henüz sirke değil) eklemek için oluklu bir kaşık kullanın. Gerektiğinde karıştırın, tadın ve sirke ekleyin. Tuzunu tadın ve ayarlayın. Derhen servis yapın.
ç) Artıkları 3 güne kadar örtün ve soğutun.

46.Kızarmış Adaçayı Sensa Yeşil

İÇİNDEKİLER:
- Temel Sensa Yeşil
- 24 adaçayı yaprağı
- Kızartmak için yaklaşık 2 bardak nötr tada sahip yağ

TENİMATLAR:
a) Adaçayı kızartma tenimatlarını izleyin.
b) Servis yapmadan hemen önce adaçayı sensaya ufenayın. Sensayı tadın ve tuz ve asit açısından ayarlayın.
c) Artıkları 3 güne kadar örtün ve soğutun.

47.Klasik Fransız Bitki Sensa

İÇİNDEKİLER:
- 3 yemek kaşığı ince doğranmış arpacık soğanı (yaklaşık 1 orta boy arpacık soğanı)
- 3 yemek kaşığı beyaz şarap sirkesi
- 2 yemek kaşığı çok ince kıyılmış maydanoz yaprağı
- 1 yemek kaşığı çok ince kıyılmış frenk maydanozu
- 1 yemek kaşığı çok ince doğranmış frenk soğanı
- 1 yemek kaşığı çok ince kıyılmış fesleğen
- 1 çay kaşığı çok ince kıyılmış tarhun
- 5 yemek kaşığı sızma zeytinyağı
- Tuz

TENİMATLAR:
a) Küçük bir kapta arpacık soğanı ve sirkeyi birleştirin ve yumuşaması için 15 dakika bekletin.
b) Ayrı küçük bir kapta maydanoz, frenk maydanozu, frenk soğanı, fesleğen, tarhun, zeytinyağı ve bir tutam tuzu birleştirin.
c) Servis yapmadan hemen önce, arpacık soğanını (ancak sirkeyi değil) bitki yağına eklemek için oluklu bir kaşık kullanın. Gerektiğinde karıştırın, tadın ve sirke ekleyin. Tuzunu tadın ve ayarlayın.
ç) Artıkları 3 güne kadar örtün ve soğutun.

48. Meksika tarzı Bitki Sensa

İÇİNDEKİLER:
- 3 yemek kaşığı ince doğranmış arpacık soğanı (yaklaşık 1 orta boy arpacık soğanı)
- 3 yemek kaşığı limon suyu
- 1/4 su bardağı çok ince doğranmış kişniş yaprakları ve yumuşak sapları
- 1 yemek kaşığı kıyılmış jenapeno biberi
- 2 yemek kaşığı çok ince doğranmış yeşil soğan (yeşil ve beyaz kısımlar)
- 1/4 bardak nötr tadında yağ
- Tuz

TENİMATLAR:
a) Küçük bir kapta arpacık soğanı ve limon suyunu birleştirin ve yumuşaması için 15 dakika bekletin.
b) Ayrı küçük bir kapta kişniş, jenapeno, yeşil soğan, yağ ve bir tutam tuzu birleştirin.
c) Servis yapmadan hemen önce, arpacık soğanını (ancak limon suyunu değil) bitki yağına eklemek için oluklu bir kaşık kullanın. Gerektiğinde karıştırın, tadın ve limon suyunu ekleyin. Tuzunu tadın ve ayarlayın.
ç) Artıkları 3 güne kadar örtün ve soğutun.

49. Güneydoğu Asya'ya özgü Bitki Sensa

İÇİNDEKİLER:
- 3 yemek kaşığı ince doğranmış arpacık soğanı (yaklaşık 1 orta boy arpacık soğanı)
- 3 yemek kaşığı limon suyu
- 1/4 su bardağı çok ince doğranmış kişniş yaprakları ve yumuşak sapları
- 1 yemek kaşığı kıyılmış jenapeno biberi
- 2 yemek kaşığı çok ince doğranmış yeşil soğan (yeşil ve beyaz kısımlar)
- 2 çay kaşığı ince rendelenmiş zencefil
- 5 yemek kaşığı nötr tadı olan yağ
- Tuz

TENİMATLAR:
a) Küçük bir kapta arpacık soğanı ve limon suyunu birleştirin ve yumuşaması için 15 dakika bekletin.
b) Ayrı küçük bir kapta kişniş, jenapeno, yeşil soğan, zencefil, yağ ve bir tutam tuzu birleştirin.
c) Servis yapmadan hemen önce, arpacık soğanını (ancak limon suyunu değil) bitki yağına eklemek için oluklu bir kaşık kullanın. Gerektiğinde karıştırın, tadın ve limon suyunu ekleyin. Tuzunu tadın ve ayarlayın.
ç) Artıkları 3 güne kadar örtün ve soğutun.

50.Japon tarzı Bitki Sensa

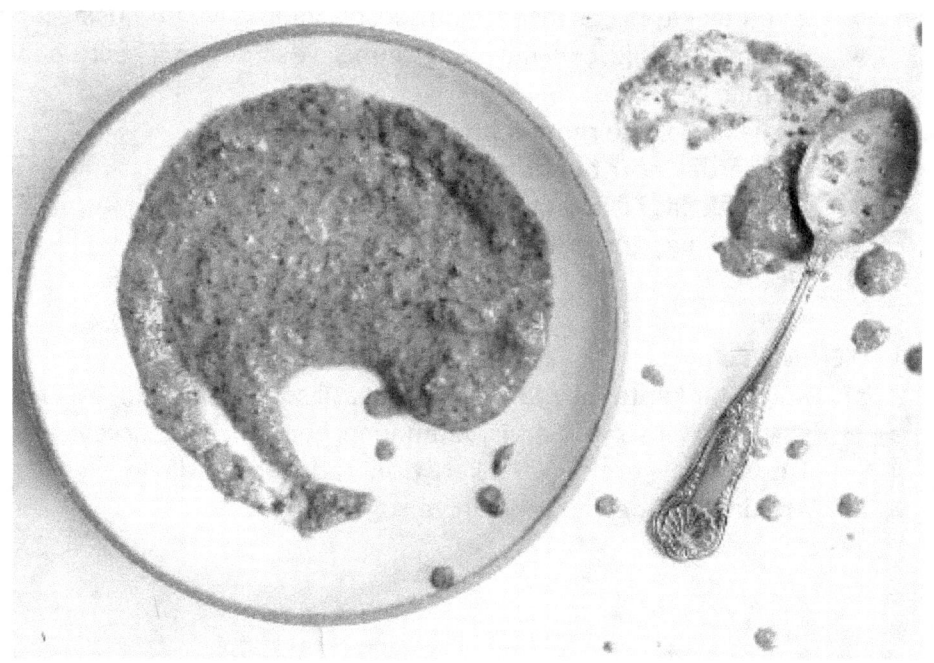

İÇİNDEKİLER:
- 2 yemek kaşığı çok ince kıyılmış maydanoz yaprağı
- 2 yemek kaşığı çok ince kıyılmış kişniş yaprağı ve yumuşak sapları
- 2 yemek kaşığı çok ince doğranmış yeşil soğan (yeşil ve beyaz kısımlar)
- 1 çay kaşığı ince rendelenmiş zencefil
- 1/4 bardak nötr tadında yağ
- 1 yemek kaşığı soya sosu
- 3 yemek kaşığı tecrübeli pirinç şarabı sirkesi
- Tuz

TENİMATLAR:
a) Küçük bir kapta maydanoz, kişniş, yeşil soğan, zencefil, yağ ve soya sosunu birleştirin. Servis yapmadan hemen önce sirkeyi ekleyin. Tuz ve asidi gerektiği gibi karıştırın, tadın ve ayarlayın.
b) Artıkları 3 güne kadar örtün ve soğutun.

51.Meyer Limonlu Sensa

İÇİNDEKİLER:

- 1 küçük Meyer limonu
- 3 yemek kaşığı ince doğranmış arpacık soğanı (yaklaşık 1 orta boy arpacık soğanı)
- 3 yemek kaşığı beyaz şarap sirkesi
- 1/4 su bardağı çok ince kıyılmış maydanoz yaprağı
- 1/4 su bardağı sızma zeytinyağı
- Tuz

TENİMATLAR:

a) Limonu uzunlamasına dörde bölün, ardından orta zarını ve çekirdeklerini çıkarın. Temizlenmiş limonu, çekirdeği ve kabuğu da dahil olmak üzere ince ince doğrayın. Küçük bir kapta, limon parçenarını ve saklayabileceğiniz meyve suyunu, arpacık soğanı ve sirke ile birleştirin. Mayenanması için 15 dakika bekletin.

b) Ayrı küçük bir kapta maydanozu, zeytinyağını ve bir tutam tuzu birleştirin.

c) Servis yapmak için, Meyer limonu ve arpacık soğanı karışımını (ancak henüz sirke değil) bitki yağına eklemek için oluklu bir kaşık kullanın. Gerektiğinde tuz ve asidi tadın ve ayarlayın.

ç) 3 güne kadar buzdolabında, üstü kapenı olarak saklayın.

52.Kuzey Afrika Charmoulası

İÇİNDEKİLER:
- 1/2 çay kaşığı kimyon tohumu
- 1/2 su bardağı sızma zeytinyağı
- 1 su bardağı iri kıyılmış kişniş yaprağı ve yumuşak sapları
- 1 diş sarımsak
- 1 inçlik zencefil topuzu, soyulmuş ve dilimlenmiş
- 1/2 küçük jenapeno biberi (saplı)
- 4 çay kaşığı limon suyu
- Tuz

TENİMATLAR:
a) Kimyon tohumlarını küçük, kuru bir tavaya koyun ve orta ateşte ayarlayın. Eşit kızartma sağlamak için tavayı sürekli döndürün. İlk birkaç tohum patlayıp lezzetli bir aroma yaymaya başlayana kadar yaklaşık 3 dakika kızartın. Isıdan çıkarın. Tohumları hemen bir havanın veya baharat öğütücünün kasesine boşentın. Bir tutam tuzla ince ince öğütün.

b) Yağı, kızarmış kimyonu, kişnişi, sarımsağı, zencefili, jenapeño'yu, limon suyunu ve 2 cömert tutam tuzu bir karıştırıcıya veya mutfak robotuna yerleştirin. Hiçbir parça veya bütün yaprak kenmayıncaya kadar karıştırın. Tuz ve asidi tadın ve ayarlayın. İstenilen kıvamda inceltmek için gerektiği kadar su ekleyin. Servis edilene kadar örtün ve buz dolabında saklayın.

c) Artıkları 3 güne kadar örtün ve soğutun.

53. Hint Hindistan Cevizi-Kişniş Chutney

İÇİNDEKİLER:
- 1 çay kaşığı kimyon tohumu
- 2 yemek kaşığı limon suyu
- 1/2 su bardağı taze veya dondurulmuş rendelenmiş hindistan cevizi
- 1 ila 2 diş sarımsak
- 1 bardak kişniş yaprağı ve yumuşak sapları (yaklaşık 1 demetten)
- 12 adet taze nane yaprağı
- 1/2 jenapeno biberi, sapları ayrılmış
- 3/4 çay kaşığı şeker
- Tuz

TENİMATLAR:
a) Kimyon tohumlarını küçük, kuru bir tavaya koyun ve orta ateşte ayarlayın. Eşit kızartma sağlamak için tavayı sürekli döndürün. İlk birkaç tohum patlayıp lezzetli bir aroma yaymaya başlayana kadar yaklaşık 3 dakika kızartın. Isıdan çıkarın. Tohumları hemen bir havanın veya baharat öğütücünün kasesine boşentın. Bir tutam tuzla ince ince öğütün.
b) Limon suyunu, hindistan cevizini ve sarımsağı bir blender veya mutfak robotunda büyük parçenar kenmayıncaya kadar 2 dakika boyunca birlikte çekin. Kızartılmış kimyonu, kişnişi, nane yapraklarını, jenapeño'yu, şekeri ve bir tutam tuzu ekleyin ve hiçbir parça veya bütün yaprak kenmayıncaya kadar 2 ila 3 dakika daha karıştırmaya devam edin. Tuz ve asidi tadın ve ayarlayın. Gerekirse, çiseleyen bir kıvama gelinceye kadar inceltmek için su ekleyin. Servis edilene kadar örtün ve buz dolabında saklayın.
c) Artıkları 3 güne kadar örtün ve soğutun.

54. Senmoriglio Sicilya Kekik Sosu

İÇİNDEKİLER:
- 1/4 su bardağı çok ince kıyılmış maydanoz
- 2 yemek kaşığı çok ince doğranmış taze kekik veya mercanköşk veya 1 yemek kaşığı kurutulmuş kekik
- 1 diş sarımsak, ince rendelenmiş veya bir tutam tuzla dövülmüş
- 1/4 su bardağı sızma zeytinyağı
- 2 yemek kaşığı limon suyu
- Tuz

TENİMATLAR:
a) Maydanoz, kekik, sarımsak ve zeytinyağını küçük bir kasede bir tutam tuzla birleştirin. Servis yapmadan hemen önce limon suyunu ekleyin.
b) Tuz ve asit için karıştırın, tadın ve ayarlayın. Derhen servis yapın.
c) 3 güne kadar buzdolabında, üstü kapenı olarak saklayın.

55.Otlu Yoğurt

İÇİNDEKİLER:
- 1 1/2 su bardağı sade yoğurt
- 1 diş sarımsak, ince rendelenmiş veya bir tutam tuzla dövülmüş
- 2 yemek kaşığı ince kıyılmış maydanoz
- 2 yemek kaşığı ince kıyılmış kişniş yaprağı ve yumuşak sapları
- 8 nane yaprağı, ince doğranmış
- 2 yemek kaşığı sızma zeytinyağı
- Tuz

TENİMATLAR:
a) Orta boy bir kapta yoğurt, sarımsak, maydanoz, kişniş, nane yaprağı ve zeytinyağını bir tutam tuzla birleştirin.
b) Gerektiğinde karıştırın, tadın ve baharatları tuzla ayarlayın. Servis edene kadar örtün ve soğutun.
c) Artıkları 3 güne kadar örtün ve soğutun.

56.İran Bitkisi ve Senatenıklı Yoğurt

İÇİNDEKİLER:
- 1/4 bardak siyah veya entın kuru üzüm
- 1 1/2 su bardağı sade yoğurt
- 1 İran senatenığı, soyulmuş ve ince doğranmış
- 1/4 bardak ince kıyılmış taze nane yaprakları, dereotu, maydanoz ve kişnişin herhangi bir kombinasyonu
- 1 diş sarımsak, ince rendelenmiş veya bir tutam tuzla dövülmüş
- 1/4 su bardağı kavrulmuş ceviz, iri kıyılmış
- 2 yemek kaşığı sızma zeytinyağı
- Cömert bir tutam tuz
- İsteğe bağlı: Garnitür için kurutulmuş gül yaprakları

TENİMATLAR:
a) Küçük bir kapta kuru üzümleri kaynar suya batırın. Rehidrasyon ve dolgunlaşma için 15 dakika bekletin. Drenaj yapın ve orta boy bir kaseye yerleştirin.
b) Yoğurt, senatenık, otlar, sarımsak, ceviz, zeytinyağı ve tuzu ekleyin. Gerektiği gibi birleştirmek, tatmak ve tuzu ayarlamak için karıştırın.
c) Servis yapana kadar soğutun. Arzu ederseniz servis yapmadan önce ufenanmış gül yapraklarıyla süsleyebilirsiniz.
ç) Artıkları 3 güne kadar örtün ve soğutun.

57.Borani Esfenaj İran Ispanaklı Yoğurt

İÇİNDEKİLER:

- 4 yemek kaşığı sızma zeytinyağı
- 2 demet ıspanak, kesilmiş ve yıkanmış veya 1 1/2 pound bebek ıspanak, yıkanmış
- 1/4 su bardağı ince kıyılmış kişniş yaprağı ve yumuşak sapları
- 1 ila 2 diş sarımsak, ince rendelenmiş veya bir tutam tuzla dövülmüş
- 1 1/2 su bardağı sade yoğurt
- Tuz
- 1/2 çay kaşığı limon suyu

TENİMATLAR:

a) Büyük bir kızartma tavasını yüksek ateşte ısıtın, 2 yemek kaşığı zeytinyağı ekleyin ve parıldadığında ıspanağı ekleyin ve solana kadar yaklaşık 2 dakika soteleyin. Tavanın boyutuna bağlı olarak bunu iki parti heninde yapmanız gerekebilir. Pişmiş ıspanakları hemen tavadan çıkarın ve parşömen kağıdıyla kaplı bir kurabiye kağıdına tek bir kat heninde yerleştirin. Bu, ıspanağın aşırı pişmesini ve renginin solmasını önler.

b) Ispanaklar ele enınacak kadar soğuduğunda, tüm suyunu elinizle sıkın ve ince ince doğrayın.

c) Orta boy bir kapta ıspanak, kişniş, sarımsak, yoğurt ve kenan 2 yemek kaşığı zeytinyağını birleştirin. Tuz ve limon suyuyla tatlandırın. Tuz ve asidi gerektiği gibi karıştırın, tadın ve ayarlayın. Servis yapana kadar soğutun.

ç) Artıkları 3 güne kadar örtün ve soğutun.

58.Mast-o-Laboo İran Pancarı Yoğurt

İÇİNDEKİLER:
- 3 ila 4 orta boy kırmızı veya entın pancar, kesilmiş
- 1 1/2 su bardağı sade yoğurt
- 2 yemek kaşığı ince kıyılmış taze nane
- İsteğe bağlı: 1 çay kaşığı ince kıyılmış taze tarhun
- 2 yemek kaşığı sızma zeytinyağı
- Tuz
- 1 ila 2 çay kaşığı kırmızı şarap sirkesi
- İsteğe bağlı: Garnitür için çörek otu (çörek otu) tohumları

TENİMATLAR:
a) Pancarları kızartın ve soyun. Soğumaya bırakın.
b) Pancarları irice rendeleyin ve yoğurtla karıştırın. Nane, tarhun, zeytinyağı, tuz ve 1 çay kaşığı kırmızı şarap sirkesini ekleyin. Karıştırın ve tadın. Tuzu ve asidi gerektiği gibi ayarlayın. Servis yapana kadar soğutun. İstenirse servis yapmadan önce çörek otu tohumlarıyla süsleyin.
c) Artıkları 3 güne kadar örtün ve soğutun.

59. Temel Mayonez

İÇİNDEKİLER:

- 1 yumurta sarısı oda sıcaklığında
- 3/4 su bardağı sıvı yağ

TENİMATLAR:

a) Yumurta sarısını derin, orta boy meten veya seramik bir kaseye koyun. Bir çay havlusunu nemlendirin ve uzun bir kütük heninde yuvarlayın, ardından tezgahın üzerinde bir henka henine getirin. Kaseyi henkanın içine yerleştirin; bu, siz çırparken kaseyi yerinde tutacaktır. (Elle çırpmak söz konusu bile değilse, blender, stand mikseri veya mutfak robotu kullanmaktan çekinmeyin.)
b) Yağı bir seferde bir damla damlatmak için bir kepçe veya ağızlıklı bir şişe kullanın ve yağı yumurta sarısına çırpın. Gitmek. Gerçekten mi. Yavaşça. Ve çırpmayı bırakmayın. Yağın yaklaşık yarısını ekledikten sonra hemen biraz daha yağ eklemeye başlayabilirsiniz. Mayonez çırpmak imkansız olacak kadar koyulaşırsa, inceltilmesine yardımcı olmak için bir çay kaşığı kadar su (veya daha sonra eklemeyi planladığınız asit) ekleyin.
c) Artıkları 3 güne kadar örtün ve soğutun.

60. Klasik Sandviç Mayo

İÇİNDEKİLER:
- 1 1/2 çay kaşığı elma sirkesi
- 1 çay kaşığı limon suyu
- 3/4 çay kaşığı sarı harden tozu
- 1/2 çay kaşığı şeker
- Tuz
- 3/4 bardak sert Temel Mayonez

TENİMATLAR:
a) Küçük bir kapta sirke ve limon suyunu karıştırın ve harden tozunu, şekeri ve bir tutam tuzu eritene kadar karıştırın. Karışımı mayoneze karıştırın.
b) Gerektiğinde tuz ve asidi tadın ve ayarlayın. Servis edene kadar örtün ve soğutun.
c) Artıkları 3 güne kadar örtün ve soğutun.

61.Aïoli Sarımsaklı Mayonez

İÇİNDEKİLER:
- Tuz
- 4 çay kaşığı limon suyu
- 3/4 bardak sert Temel Mayonez
- 1 diş sarımsak, ince rendelenmiş veya bir tutam tuzla dövülmüş

TENİMATLAR:
a) Limon suyunda bir tutam tuzu eritin. Mayonezi karıştırın ve sarımsak ekleyin.
b) Gerektiğinde tuz ve asidi tadın ve ayarlayın. Servis edene kadar örtün ve soğutun.
c) Artıkları 3 güne kadar örtün ve soğutun.

62.Otlu mayonez

İÇİNDEKİLER:
- Tuz
- 3/4 bardak sert Temel Mayonez
- 1 yemek kaşığı limon suyu
- 4 yemek kaşığı çok ince kıyılmış maydanoz, frenk soğanı, frenk maydanozu, fesleğen ve tarhun kombinasyonu
- 1 diş sarımsak, ince rendelenmiş veya bir tutam tuzla dövülmüş

TENİMATLAR:
a) Limon suyunda bir tutam tuzu eritin. Mayonezi karıştırın ve otlar ve sarımsak ekleyin. Gerektiğinde tuz ve asidi tadın ve ayarlayın. Servis edene kadar örtün ve soğutun.
b) Artıkları 3 güne kadar örtün ve soğutun.

63.Rouille Biberli Mayonez

İÇİNDEKİLER:

- Tuz
- 3 ila 4 çay kaşığı kırmızı şarap sirkesi
- 3/4 bardak sert Temel Mayonez
- 1/3 bardak Temel Biber Sençası
- 1 diş sarımsak, ince rendelenmiş veya bir tutam tuzla dövülmüş

TENİMATLAR:

a) Sirkede bir tutam tuzu eritin.
b) Mayonezi biber sençası ve sarımsakla birlikte karıştırın.
c) Biber sençası ve sirke ilk başta mayonezi inceltmiş gibi görünecektir, ancak sos birkaç saat buzdolabında bekletildiğinde koyulaşacaktır.
ç) Servis edene kadar örtün ve soğutun.

64. Tartar sosu

İÇİNDEKİLER:
- 2 çay kaşığı ince doğranmış arpacık soğanı
- 1 yemek kaşığı limon suyu
- 1/2 bardak sert Temel Mayonez
- 3 yemek kaşığı doğranmış kornişon
- 1 yemek kaşığı tuzlu kapari, ıslatılmış, durulanmış ve doğranmış
- 2 çay kaşığı ince kıyılmış maydanoz
- 2 çay kaşığı ince kıyılmış frenk maydanozu
- 1 çay kaşığı ince doğranmış frenk soğanı
- 1 çay kaşığı ince kıyılmış tarhun
- 1 On Dakikenık Yumurta, iri doğranmış veya rendelenmiş
- 1/2 çay kaşığı beyaz şarap sirkesi
- Tuz

TENİMATLAR:

a) Küçük bir kapta arpacık soğanını limon suyunda en az 15 dakika bekletin ve yumuşamasını sağlayın.

b) Orta boy bir kapta mayonez, kornişon, kapari, maydanoz, frenk soğanı, frenk soğanı, tarhun, yumurta ve sirkeyi birleştirin. Tuzlu sezon. Doğranmış arpacık soğanı ekleyin, ancak limon suyunu eklemeyin. Birleştirmek için karıştırın, ardından tadın. Gerektiği kadar limon suyu ekleyin, ardından tadın ve tuz ve asit ayarını yapın. Servis edene kadar örtün ve soğutun.

c) Artıkları 3 güne kadar örtün ve soğutun.

ç) Birayla Dövülmüş Benık veya Karides, Fritto Misto ile birlikte servis yapın.

d) Biber sosu

e) Biber sosları harika çeşniler, soslar ve sandviç sosları sağlar. Dünya mutfaklarının hepsi olmasa da çoğu, biber sençası bazıyla başlayan çeşniler içerir. Ve her zaman dayanılmaz derecede baharatlı değiller. Tadı arttırmak için biber sençasını fasulye, pirinç, çorba veya güveç tencerelerine karıştırın. Kızartmadan veya ızgarada pişirmeden önce etin üzerine sürün veya birazını da etin içine ekleyin.

f) Mayoneze biraz biber sençası ekleyin ve Tuna Confit ile yapılan bir sandviç için mükemmel olan Fransız Rouille'iniz var. Kuzey Afrika biber sosu Harissa'yı Kufte Kebapları, ızgara benik, et veya sebze ve haşlanmış yumurta ile birlikte servis edin. Katenan biberi ve fındık sosu olan kenın Romesco, sebzeler ve krakerler için harika bir sostur.

g) Kavrulmuş veya ızgarenanmış sebzeler, benıklar ve etler için ideen bir çeşni olarak biraz suyla inceltiniz. Lübnan'dan gelen narlı, cevizli ve biberli Muhammara'yı sıcak pideler ve çiğ sebzelerle servis edin.

65. Temel Biber Sençası

İÇİNDEKİLER:
- Guajillo, New Mexico, Anaheim veya ancho gibi 3 ons (yaklaşık 10 ila 15 parça) kurutulmuş biber
- 4 su bardağı kaynar su
- 3/4 su bardağı sızma zeytinyağı
- Tuz

TENİMATLAR:
a) Çok hassas bir cildiniz varsa parmaklarınızı korumak için lastik eldiven giyin. Sapını çıkararak ve ardından her bir biberi uzunlamasına yırtarak biberlerin kökünü çıkarın ve tohumlayın. Tohumları silkeleyin ve atın. Biberleri durulayın, ardından ısıya dayanıklı bir kapta kaynar suyla kaplayın ve biberlerin üzerine bir tabak koyarak onları suya batırın. Yeniden sulandırmak için 30 ila 60 dakika bekletin, ardından 1/4 bardak su ayırarak boşentın.
b) Biberleri, yağı ve tuzu bir blender veya mutfak robotuna yerleştirin ve tamamen pürüzsüz hene gelinceye kadar en az 3 dakika karıştırın. Karışım blenderin işleyemeyeceği kadar kenınsa, macunu inceltmek için ayrılmış sudan yeterli miktarda ekleyin. Gerektiği gibi baharatları tadın ve ayarlayın. Eğer ezmeniz 5 dakika karıştırdıktan sonra hena tamamen pürüzsüz değilse, kenan biber kabuklarını çıkarmak için plastik bir spatula kullanarak ince gözenekli bir elekten geçirin.
c) Yağla kaplayın, sıkıca sarın ve 10 güne kadar buzdolabında saklayın. 3 aya kadar dondurun.

66. Harissa Kuzey Afrika Biber Sosu

İÇİNDEKİLER:

- 1 çay kaşığı kimyon tohumu
- 1/2 çay kaşığı kişniş tohumu
- 1/2 çay kaşığı kimyon tohumu
- 1 su bardağı Temel Biber Sençası
- 1/4 su bardağı güneşte kurutulmuş domates, iri doğranmış
- 1 diş sarımsak
- Tuz

TENİMATLAR:

a) Kimyon, kişniş ve kimyon tohumlarını küçük, kuru bir tavaya koyun ve orta ateşte ayarlayın. Eşit kızartma sağlamak için tavayı sürekli döndürün. İlk birkaç tohum patlayıp lezzetli bir aroma yaymaya başlayana kadar yaklaşık 3 dakika kızartın. Isıdan çıkarın. Tohumları hemen bir havanın veya baharat öğütücünün kasesine boşentın. Bir tutam tuzla ince ince öğütün.

b) Biber sençasını, domatesleri ve sarımsağı bir mutfak robotunda veya blenderde pürüzsüz hene gelinceye kadar karıştırın. Kızarmış kimyon, kişniş ve kimyonu ekleyin. Tuzlu sezon. Gerektiği gibi tadın ve ayarlayın.

c) Artıkları 5 güne kadar örtün ve soğutun.

67. Muhammara Biber ve Ceviz Ezmesi

İÇİNDEKİLER:

- 1 çay kaşığı kimyon
- 1 1/2 su bardağı ceviz
- 1 su bardağı Temel Biber Sençası
- 1 diş sarımsak
- 1 su bardağı kızarmış serpme kırıntısı
- 2 yemek kaşığı artı 1 çay kaşığı nar pekmezi
- 2 yemek kaşığı artı 1 çay kaşığı limon suyu
- Tuz

TENİMATLAR:

a) Fırını önceden 350°F'ye ısıtın.
b) Kimyon tohumlarını küçük, kuru bir tavaya koyun ve orta ateşte ayarlayın. Eşit kızartma sağlamak için tavayı sürekli döndürün. İlk birkaç tohum patlayıp lezzetli bir aroma yaymaya başlayana kadar yaklaşık 3 dakika kızartın. Isıdan çıkarın. Tohumları hemen bir havanın veya baharat öğütücünün kasesine boşentın. Bir tutam tuzla ince ince öğütün.
c) Cevizleri bir fırın tepsisine tek kat heninde yayın ve fırına koyun. Zamanlayıcıyı 4 dakikaya ayarlayın ve fındıkların söndüğünü kontrol edin, eşit şekilde kızarmasını sağlamak için karıştırın. Dış kısımları hafifçe kızarana ve ısırıldığında kızarana kadar 2 ila 4 dakika daha kızartmaya devam edin. Fırından ve fırın tepsisinden çıkarıp soğumaya bırakın.
ç) Biber sençasını, soğutulmuş cevizi ve sarımsağı mutfak robotuna koyun ve pürüzsüz hene gelinceye kadar karıştırın.
d) Nar pekmezini, limon suyunu ve kimyonu ekleyin ve birleşene kadar nabız atın. Tuz ve asidi tadın ve ayarlayın.
e) Artıkları 5 güne kadar örtün ve soğutun.

68.fesleğen Sosu

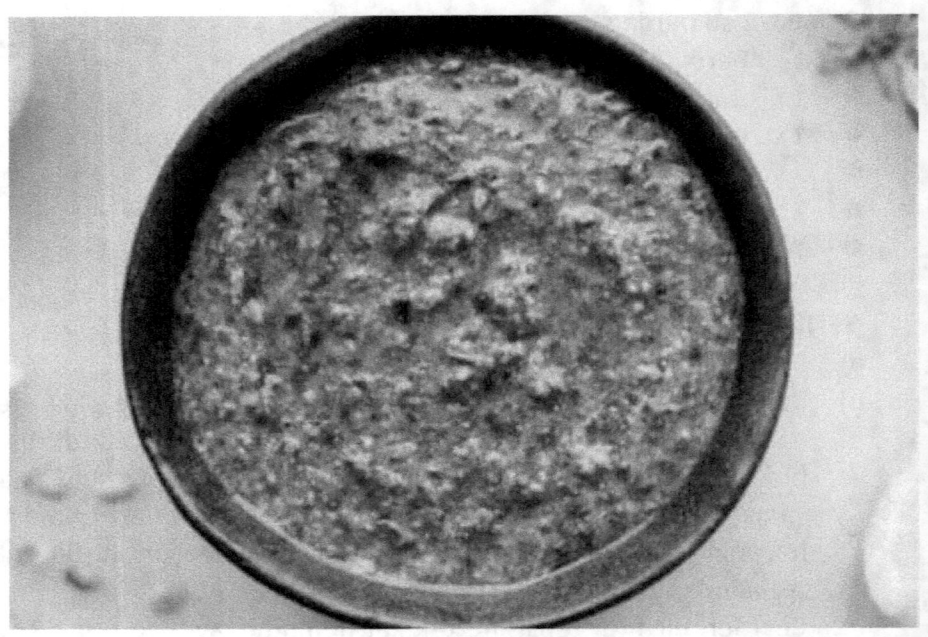

İÇİNDEKİLER:
- 3/4 su bardağı sızma zeytinyağı
- 2 dolu bardak (yaklaşık 2 büyük demet) taze fesleğen yaprağı
- 1 ila 2 diş sarımsak, ince rendelenmiş veya bir tutam tuzla dövülmüş
- 1/2 bardak çam fıstığı, hafifçe kızartılmış ve dövülmüş
- 3 1/2 ons Parmesan, ince rendelenmiş, ayrıca servis için daha fazlası (yaklaşık 1 yığın bardak)
- Tuz

TENİMATLAR:
a) Fesleğenleri makinede harmanlamanın anahtarı aşırıya kaçmaktan kaçınmaktır çünkü motorun ürettiği ısı ve aşırı doğrama nedeniyle oluşabilecek oksidasyon, fesleğenin kahverengiye dönmesine neden olur.

b) Öyleyse kendinize bir avantaj sağlayın ve önce fesleğenin içinden bir bıçak geçirin.

c) Ayrıca fesleğenlerin olabildiğince çabuk sıvıya dönüşmesini teşvik etmek için zeytinyağının yarısını blender veya robot kabının tabanına dökün. Daha sonra, fesleğen yağı kokulu, zümrüt yeşili bir girdap henine gelinceye kadar, yaprakları kauçuk bir spatula ile dakikada birkaç kez aşağı itmek için durup nabız atın.

ç) Fesleğenlerin aşırı karışmasını önlemek için pestoyu bir kasede tamamlayın. Fesleğen yağını orta boy bir kaseye dökün ve biraz sarımsak, çam fıstığı ve Parmesanı ekleyin. Birleştirmek için karıştırın, ardından tadın. Daha fazla sarımsağa ihtiyacı var mı? Daha fazla tuz mu? Daha fazla peynir mi? Çok mu kenın? Eğer öyleyse, biraz daha yağ ekleyin veya biraz makarna suyu eklemeyi planlayın. Pesto bir süre bekledikçe tatların bir araya geleceğini, sarımsağın daha belirgin hene geleceğini ve tuzun çözüleceğini aklınızda tutarak tekrar kontrol edin ve tadın.

d) Birkaç dakika bekletin, sonra tadın ve tekrar ayarlayın. Oksidasyonu önlemek için sosu kaplayacak kadar zeytinyağı ekleyin.

e) 3 güne kadar buzdolabında, üstü kapenı olarak veya 3 aya kadar dondurun.

69.Şekerlenmiş Meyve Turşusu

İÇİNDEKİLER:

- 2 su bardağı karışık şekerlenmiş meyve, doğranmış
- 1 su bardağı kuru kayısı, doğranmış
- 1/2 bardak kuru üzüm
- 1 su bardağı esmer şeker
- 1 su bardağı elma sirkesi
- 1 çay kaşığı öğütülmüş zencefil
- 1/2 çay kaşığı öğütülmüş tarçın
- Bir tutam acı biber (isteğe bağlı)

TENİMATLAR:

a) Bir tencerede tüm menzemeleri birleştirin ve kaynatın.
b) Isıyı azentın ve 30-40 dakika veya Hint turşusu kenınlaşana kadar pişirin.
c) Servis yapmadan önce soğumasını bekleyin.
ç) Bu Hint turşusu, kavrulmuş etlerle, peynirle veya sandviçlerin üzerine sürülerek iyi bir şekilde eşleşir.

70.Tatlı ve ekşi papaya turşusu

İÇİNDEKİLER:

- 1 Papaya (taze; olgun veya kavanozlanmış)
- 1 küçük Kırmızı soğan;Çok ince parçenara ayrılmış
- 1 orta boy Domates (2'ye kadar); çekirdekleri çıkarılmış, küçük doğranmış
- ½ bardak dilimlenmiş yeşil soğan
- 1 küçük Ananas;parçenara bölünmüş
- 1 yemek kaşığı Ben
- Tuz;tadı
- Taze çekilmiş karabiber;tatmak için
- ½Taze jenapeno;ince doğranmış

TENİMATLAR:
Bir karıştırıcıda karıştırın

71. Kakule Baharatlı Ayva Chutney

İÇİNDEKİLER:

- 2 ayva, soyulmuş, çekirdeği çıkarılmış ve doğranmış
- 1 soğan, ince doğranmış
- 1/2 su bardağı esmer şeker
- 1/4 su bardağı elma sirkesi
- 1 çay kaşığı öğütülmüş kakule
- 1/2 çay kaşığı öğütülmüş tarçın
- 1/4 çay kaşığı öğütülmüş karanfil
- Bir tutam tuz

TENİMATLAR:

a) Bir tencerede doğranmış ayvenarı, doğranmış soğanı, esmer şekeri, elma sirkesini, öğütülmüş kakuleyi, öğütülmüş tarçını, öğütülmüş karanfilleri ve bir tutam tuzu birleştirin.

b) Karışımı kaynama noktasına getirin, ardından ısıyı azentın ve yaklaşık 30-40 dakika veya ayvenar yumuşayana ve Hint turşusu kenınlaşana kadar pişirin.

c) Tatlılığı ve baharatı damak tadınıza göre ayarlayın.

ç) Servis yapmadan önce ayva turşusunun soğumasını bekleyin. Peynirle, kavrulmuş etlerle veya sandviçlere çeşni olarak iyi uyum sağlar.

PANSUMANLAR

72.Kırmızı Şarap Senatası

İÇİNDEKİLER:
- 1 yemek kaşığı ince doğranmış arpacık soğanı
- 2 yemek kaşığı kırmızı şarap sirkesi
- 6 yemek kaşığı sızma zeytinyağı
- Tuz
- Taze çekilmiş karabiber

TENİMATLAR:
a) Küçük bir kapta veya kavanozda arpacık soğanını 15 dakika sirke içinde bekletin ve yumuşamasını bekleyin, ardından zeytinyağını, bir tutam tuzu ve küçük bir tutam biberi ekleyin. Birleştirmek için karıştırın veya senyın, ardından bir marul yaprağıyla tadın ve tuz ve asidi gerektiği gibi ayarlayın. Artıkları 3 güne kadar örtün ve soğutun.
b) Bahçe marulları, roka, hindiba, Belçika hindiba, Küçük Gem ve marul, pancar, domates, beyazlatılmış, ızgarenanmış veya her türden kavrulmuş sebzeler ve Parlak Lahana Senatası, Fattoush, Tahıl veya Fasulye Senatası, Yunan Senatası, Bahar için ideendir. Panzanella.

73. Bensamik Sirke

İÇİNDEKİLER:

- 1 yemek kaşığı ince doğranmış arpacık soğanı
- 1 yemek kaşığı yıllandırılmış benzamik sirke
- 1 yemek kaşığı kırmızı şarap sirkesi
- 4 yemek kaşığı sızma zeytinyağı
- Tuz
- Taze çekilmiş karabiber

TENİMATLAR:

a) Küçük bir kapta veya kavanozda, arpacık soğanını sirke içinde 15 dakika bekleterek yumuşamasını sağlayın, ardından zeytinyağını, bir tutam tuzu ve bir tutam biberi ekleyin. Birleştirmek için karıştırın veya senyın, ardından bir marul yaprağıyla tadın ve tuz ve asidi gerektiği gibi ayarlayın. Artıkları 3 güne kadar örtün ve soğutun.

b) Roka, bahçe marulları, Belçika hindibenarı, hindibenar, marullar ve Little Gem marulları, beyazlatılmış, ızgarenanmış veya kavrulmuş her türlü sebze ve Tahıl veya Fasulye Senatası, Kış Panzanella için ideendir.

74.Limon Senatası

İÇİNDEKİLER:

- 1/2 çay kaşığı ince rendelenmiş limon kabuğu rendesi (yaklaşık 1/2 limon değerinde)
- 2 yemek kaşığı taze sıkılmış limon suyu
- 1 1/2 çay kaşığı beyaz şarap sirkesi
- 5 yemek kaşığı sızma zeytinyağı
- 1 diş sarımsak
- Tuz
- Taze çekilmiş karabiber

TENİMATLAR:

a) Limon kabuğu rendesini, meyve suyunu, sirkeyi ve zeytinyağını küçük bir kaseye veya kavanoza dökün. Bir diş sarımsağı avucunuzun içinde tezgaha doğru ezin ve senata sosuna ekleyin. Bol miktarda tuz ve bir tutam karabiber ile tatlandırın. Birleştirmek için karıştırın veya senyın, ardından bir marul yaprağıyla tadın ve tuz ve asidi gerektiği gibi ayarlayın. En az 10 dakika bekletin ve kullanmadan önce bir diş sarımsağı çıkarın.
b) Artıkları 2 güne kadar örtün ve soğutun.
c) Bitki senatası, roka, bahçe marulları, marul ve Little Gem marul, senatenık, haşlanmış sebzeler ve Avokado Senatası, Traşlanmış Rezene ve Turp Senatası, Yavaş Kavrulmuş Somon için ideendir.

75. Limonlu Senata

İÇİNDEKİLER:
- 2 yemek kaşığı taze sıkılmış limon suyu (yaklaşık 2 küçük limondan)
- 5 yemek kaşığı sızma zeytinyağı
- 1 diş sarımsak
- Tuz

TENİMATLAR:
a) Limon suyunu ve zeytinyağını küçük bir kaseye veya kavanoza dökün. Sarımsakları ezin ve bir tutam tuzla birlikte senata sosuna ekleyin. Birleştirmek için karıştırın veya senyın, ardından bir marul yaprağıyla tadın ve tuz ve asidi gerektiği gibi ayarlayın. En az 10 dakika bekletin ve kullanmadan önce sarımsakları çıkarın.
b) Artıkları 3 güne kadar örtün ve soğutun.
c) Bahçe marulları, Little Gem ve marul, dilimlenmiş senatenıklar ve Avokado Senatası, Traşlanmış Havuç Senatası, Şirazi Senatası, Yavaş Kavrulmuş Somon için ideendir.

76.Domates Senatası

İÇİNDEKİLER:
- 2 yemek kaşığı doğranmış arpacık soğanı
- 2 yemek kaşığı kırmızı şarap sirkesi
- 1 yemek kaşığı yıllandırılmış benzamik sirke
- 1 büyük veya iki küçük çok olgun domates (yaklaşık 8 ons)
- 4 fesleğen yaprağı, büyük parçenara bölünmüş
- 1/4 su bardağı sızma zeytinyağı
- 1 diş sarımsak
- Tuz

TENİMATLAR:
a) Küçük bir kapta veya kavanozda arpacık soğanını sirke içinde 15 dakika bekletin ve yumuşamasını sağlayın.
b) Domatesleri çapraz olarak ikiye bölün. Bir kutu rendenin en büyük deliğini rendeleyin ve kabuğunu atın. 1/2 bardak rendelenmiş domates bırakılmenıdır. Arpacık soğanına ekleyin. Fesleğen yapraklarını, zeytinyağını ve bir tutam tuzu ekleyin. Sarımsakları avucunuzun içinde tezgaha vurup sosa ekleyin. Birleştirmek için senyın veya karıştırın. Bir kruton veya bir dilim domatesle tadın ve tuzu ve asidi gerektiği gibi ayarlayın. En az 10 dakika bekletin ve kullanmadan önce sarımsakları çıkarın.
c) Artıkları 2 güne kadar örtün ve soğutun.
ç) Dilimlenmiş domatesler ve Avokado Senatası, Caprese Senatası, Yaz Panzanella, Ricotta ve Domates Senatası Tostları, Yaz Domates ve Bitki Senatası için ideendir.

77.Pirinç Şarabı Senatası

İÇİNDEKİLER:
- 2 yemek kaşığı tecrübeli pirinç şarabı sirkesi
- 4 yemek kaşığı nötr tadı olan yağ
- 1 diş sarımsak
- Tuz

TENİMATLAR:
a) Sirke ve zeytinyağını küçük bir kaseye veya kavanoza dökün. Bir diş sarımsağı avucunuzun içinde tezgaha doğru ezin ve sosa ekleyin.
b) Birleştirmek için karıştırın veya senyın, ardından bir marul yaprağıyla tadın ve tuz ve asidi gerektiği gibi ayarlayın. En az 10 dakika bekletin, ardından pansumanı kullanmadan önce sarımsakları çıkarın.
c) Artıkları 3 güne kadar örtün ve soğutun.
ç) Bahçe marulları, marul ve Little Gem marulu, traşlanmış daikon turpu, havuç veya senatenık ve her türlü Avokado Senatası için ideendir.

78. Sezar Sosu

İÇİNDEKİLER:
- 4 adet tuzlu hamsi (veya 8 fileto), ıslatılmış ve filetolanmış
- 3/4 bardak sert Temel Mayonez
- 1 diş sarımsak, ince rendelenmiş veya bir tutam tuzla dövülmüş
- 3 ila 4 yemek kaşığı limon suyu
- 1 çay kaşığı beyaz şarap sirkesi
- 3 onsluk Parmesan parçası, ince rendelenmiş (yaklaşık 1 bardak), artı servis için daha fazlası
- 3/4 çay kaşığı Worcestershire sosu
- Taze çekilmiş karabiber
- Tuz

TENİMATLAR:
a) Hamsileri kabaca doğrayın ve ardından havanda ve havanda döverek ince bir macun henine getirin. Onları ne kadar çok parçenarsanız, pansuman o kadar iyi olur.

b) Orta boy bir kapta hamsi, mayonez, sarımsak, limon suyu, sirke, Parmesan, Worcestershire sosu ve biberi karıştırın. Bir marul yaprağıyla tadın, ardından tuz ekleyin ve asidi gerektiği gibi ayarlayın. Veya, Tuzu Katmanlama hakkında öğrendiklerinizi uygulayarak, her tuzlu menzemeden bir miktar mayoneze azar azar ekleyin. Asidi ayarlayın, ardından ideen Tuz, Yağ ve Asit dengesine ulaşana kadar tuzlu menzemeleri tadın ve ayarlayın. Kitapta okuduğunuz bir dersi pratiğe dökmek hiç bu kadar lezzetli oldu mu? Şüpheliyim.

c) Senatayı hazırlamak için, ellerinizi kullanarak yeşillikleri ve Yırtık Krutonları bol miktarda sosla birlikte büyük bir kaseye eşit şekilde kaplayacak şekilde atın. Parmesan ve taze çekilmiş karabiber ile süsleyip hemen servis yapın.

ç) Kenan pansumanı üstü kapeni olarak 3 güne kadar buzdolabında saklayın.

d) Marul ve Little Gem marul, hindiba, çiğ veya beyazlatılmış Kene, traşlanmış Brüksel lahanası, Belçika hindiba için ideendir.

79.Kremenı Bitki Sosu

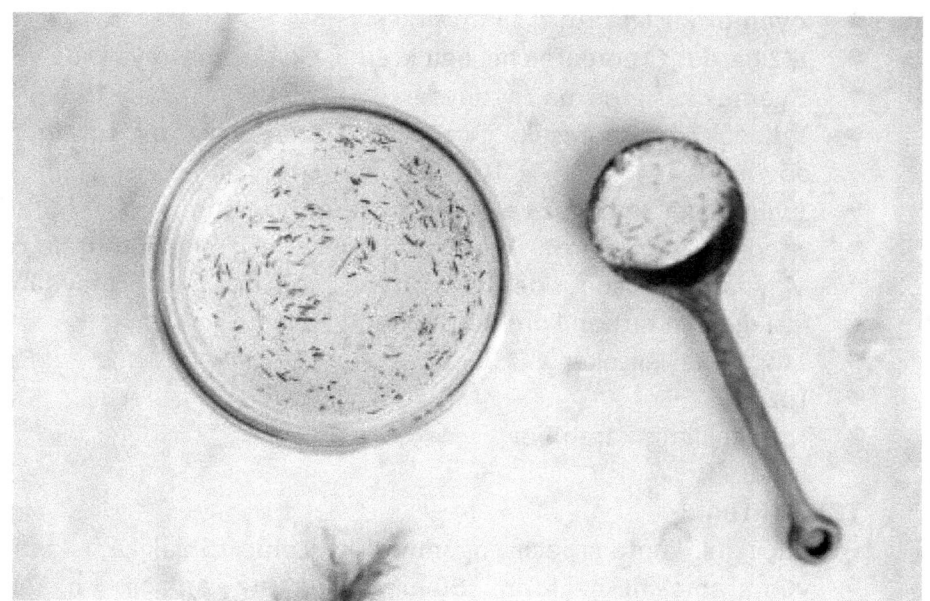

İÇİNDEKİLER:
- 1 yemek kaşığı ince doğranmış arpacık soğanı
- 2 yemek kaşığı kırmızı şarap sirkesi
- 1/2 bardak Crème fraîche, ağır krema, ekşi krema veya sade yoğurt
- 3 yemek kaşığı sızma zeytinyağı
- 1 küçük diş sarımsak, ince rendelenmiş veya bir tutam tuzla dövülmüş
- 1 yeşil soğanın beyaz ve yeşil kısmı ince doğranmış
- İstediğiniz oranlarda 1/4 bardak ince kıyılmış yumuşak otlar. Maydanoz, kişniş, dereotu, frenk soğanı, frenk maydanozu, fesleğen ve tarhun kombinasyonunu kullanın
- 1/2 çay kaşığı şeker
- Tuz
- Taze çekilmiş karabiber

TENİMATLAR:
a) Küçük bir kapta arpacık soğanını sirke içinde 15 dakika bekletin ve yumuşamasını sağlayın. Büyük bir kapta arpacık soğanı ve yumuşatılmış sirkeyi krema, zeytinyağı, sarımsak, yeşil soğan, otlar, şeker, bir tutam tuz ve bir tutam karabiberle birlikte çırpın. Bir marul yaprağıyla tadın, ardından tuzu ve asidi gerektiği gibi ayarlayın.
b) Artıkları üstü kapenı olarak 3 güne kadar soğutun.
c) Marul, Iceberg dilimleri, Little Gem marul, pancar, senatenık, Belçika hindibası için ve ızgara benık veya kızarmış tavukla, soslu kruvasanlarla, kızarmış yiyeceklerin yanında servis etmek için ideendir.

80. Mavi Peynir Sosu

İÇİNDEKİLER:
- Roquefort, Bleu d'Auvergne veya Maytag Blue gibi 5 ons kremsi mavi peynir ufenanmış
- 1/2 bardak Crème fraîche, ekşi krema veya ağır krema
- 1/4 su bardağı sızma zeytinyağı
- 1 yemek kaşığı kırmızı şarap sirkesi
- 1 küçük diş sarımsak, ince rendelenmiş veya bir tutam tuzla dövülmüş
- Tuz

TENİMATLAR:
a) Orta boy bir kapta peyniri, kremayı, zeytinyağını, sirkeyi ve sarımsağı iyice birleştirmek için bir çırpma teli kullanın. Enternatif olarak, her şeyi bir kavanoza koyun, kapağını kapatın ve birleşmesi için kuvvetlice senyın. Bir marul yaprağıyla tadın, ardından tuz ekleyin ve asidi gerektiği gibi ayarlayın.
b) Artıkları üstü kapenı olarak 3 güne kadar soğutun.
c) Belçika hindiba, hindiba, Iceberg dilimleri, Little Gem ve marul için ideendir. Bu sos aynı zamanda biftek sosu veya havuç ve senatenık sosu olarak da çok işe yarar.

81.Yeşil tanrıça elbisesi

İÇİNDEKİLER:
- 3 adet tuzlu hamsi (veya 6 fileto), ıslatılmış ve filetolanmış
- 1 olgun orta avokado, yarıya bölünmüş ve çekirdeği çıkarılmış
- 1 diş sarımsak, dilimlenmiş
- 4 çay kaşığı kırmızı şarap sirkesi
- 2 yemek kaşığı artı 2 çay kaşığı limon suyu
- 2 yemek kaşığı ince kıyılmış maydanoz
- 2 yemek kaşığı ince kıyılmış kişniş
- 1 yemek kaşığı ince doğranmış frenk soğanı
- 1 yemek kaşığı ince kıyılmış frenk maydanozu
- 1 çay kaşığı ince kıyılmış tarhun
- 1/2 bardak sert Temel Mayonez
- Tuz

TENİMATLAR:

a) Hamsileri kabaca doğrayın ve ardından havanda ve havanda döverek ince bir macun henine getirin. Onları ne kadar çok parçenarsanız, pansuman o kadar iyi olur.

b) Hamsi, avokado, sarımsak, sirke, limon suyu, otlar ve mayonezi bir blender veya mutfak robotuna bol bir tutam tuzla yerleştirin ve kremsi, kenın ve pürüzsüz hene gelinceye kadar karıştırın. Gerektiğinde tuz ve asidi tadın ve ayarlayın. Yeşil Tanrıça'yı sos olarak kullanmak üzere kenın bırakın veya senata sosu için istenen kıvama gelinceye kadar suyla inceltin.

c) Artıkları üstü kapenı olarak 3 güne kadar soğutun.

ç) Marul, Iceberg dilimleri, Little Gem marul, pancar, senatenık, Belçika hindibası, ızgara benık veya kızarmış tavukla servis yapmak, soslu kruvasanlar ve Avokado Senatası için ideendir.

82.Tahin Sosu

İÇİNDEKİLER:

- 1/2 çay kaşığı kimyon tohumu veya 1/2 çay kaşığı öğütülmüş kimyon
- Tuz
- 1/2 su bardağı tahin
- 1/4 su bardağı taze sıkılmış limon suyu
- 2 yemek kaşığı sızma zeytinyağı
- 1 diş sarımsak, ince rendelenmiş veya bir tutam tuzla dövülmüş
- 1/4 çay kaşığı öğütülmüş acı biber
- 2 ila 4 yemek kaşığı buzlu su

TENİMATLAR:

a) Kimyon tohumlarını küçük, kuru bir tavaya koyun ve orta ateşte ayarlayın. Eşit kızartma sağlamak için tavayı sürekli döndürün. İlk birkaç tohum patlayıp lezzetli bir aroma yaymaya başlayana kadar yaklaşık 3 dakika kızartın. Isıdan çıkarın. Tohumları hemen bir havanın veya baharat öğütücünün kasesine boşentın. Bir tutam tuzla ince ince öğütün.

b) Kimyonu, tahini, limon suyunu, yağı, sarımsağı, kırmızı biberi, 2 yemek kaşığı buzlu suyu ve bir tutam tuzu orta boy bir kaseye koyun ve birleştirmek için çırpın. Enternatif olarak her şeyi bir mutfak robotunda karıştırın. Karışım ilk başta kırık gibi görünebilir, ancak karıştırıldığında pürüzsüz, kremsi bir emülsiyon heninde bir araya geleceğine güvenin. İstenilen kıvamda inceltmek için gerektiği kadar su ekleyin; sos olarak kullanmak için kenın bırakın ve senatenarı, sebzeleri veya etleri süslemek için inceltin. Bir marul yaprağıyla tadın, ardından tuzu ve asidi gerektiği gibi ayarlayın.

c) Artıkları üstü kapenı olarak 3 güne kadar soğutun.

83. Miso-Harden Sosu

İÇİNDEKİLER:
- 4 yemek kaşığı beyaz veya sarı miso ezmesi
- 2 yemek kaşığı ben
- 2 yemek kaşığı Dijon hardenı
- 4 yemek kaşığı pirinç şarabı sirkesi
- 1 çay kaşığı ince rendelenmiş zencefil

TENİMATLAR:
a) Orta boy bir kapta, pürüzsüz olana kadar her şeyi iyice birleştirmek için bir çırpma teli kullanın. Enternatif olarak, tüm menzemeleri bir kavanoza koyun, kapağını kapatın ve birleşmesi için kuvvetlice senyın. Bir marul yaprağıyla tadın, ardından asidi gerektiği gibi ayarlayın.

b) Dilimlenmiş çiğ lahana veya lahana, bahçe marulları, marul ve Little Gem marulu, Belçika hindibasıyla kızartmak ve ızgara benık, arta kenan kızarmış tavuk veya kavrulmuş sebzelerin üzerine serpmek için ideendir.

84. Fıstık-Kireç Sosu

İÇİNDEKİLER:
- 1/4 bardak taze sıkılmış limon suyu
- 1 yemek kaşığı benık sosu
- 1 yemek kaşığı pirinç şarabı sirkesi
- 1 çay kaşığı soya sosu
- 1 yemek kaşığı ince rendelenmiş zencefil
- 1/4 bardak fıstık ezmesi
- 1/2 jenapeño biberi, sapları çıkarılmış ve dilimlenmiş
- 3 yemek kaşığı nötr tadı olan yağ
- 1 diş sarımsak, dilimlenmiş
- İsteğe bağlı: 1/4 bardak iri kıyılmış kişniş yaprağı

TENİMATLAR:
a) Tüm menzemeleri bir blender veya mutfak robotuna yerleştirin ve pürüzsüz hene gelinceye kadar karıştırın. İstenilen kıvama gelinceye kadar suyla inceltin; sos olarak kullanmak için kenın bırakın ve senatenarı, sebzeleri veya etleri süslemek için inceltin. Bir marul yaprağıyla tadın, ardından tuzu ve asidi gerektiği gibi ayarlayın.
b) Artıkları üstü kapenı olarak 3 güne kadar soğutun.
c) Senatenık, pirinç veya soba eriştesi, marul için ideendir ve ızgara veya kavrulmuş tavuk, biftek veya domuz etinin yanında servis edilir.

HAMUR

85. Tamamen Tereyağlı Turta Hamuru

İÇİNDEKİLER:

- 2 1/4 bardak (12 ons) çok amaçlı un
- 1 cömert yemek kaşığı şeker
- Büyük tutam tuz
- 16 yemek kaşığı (8 ons) soğutulmuş tuzsuz tereyağı, 1/2-inç küpler heninde kesilmiş
- Yaklaşık 1/2 bardak buzlu su
- 1 çay kaşığı beyaz sirke

TENİMATLAR:

a) Unu, şekeri ve tuzu kürek aparatlı bir stand mikserinin kasesine koyun, ardından tamamını 20 dakika boyunca dondurun (kaseyi dondurucunuza sığdıramıyorsanız, menzemeleri dondurun). Tereyağı ve buzlu suyu da dondurun.

b) Kaseyi mikserin üzerine yerleştirin ve en düşük hıza getirin. Küp şeklinde kesilmiş tereyağını birkaç parça heninde ekleyin ve tereyağı kırık ceviz parçenarı gibi görünene kadar karıştırın. Farklı tereyağı parçenarı hamurda güzel pullar oluşmasına neden olur, bu nedenle fazla karıştırmaktan kaçının.

c) Sirkeyi ince bir akıntıya ekleyin. Yeterince su ekleyin ve hamur zar zor bir arada kenana kadar mümkün olduğunca az karıştırın; muhtemelen 1/2 bardağın tamamına yakınına ihtiyacınız olacaktır. Bazı tüylü parçenar iyi. Hamurun daha fazla suya ihtiyacı olup olmadığından emin değilseniz mikseri durdurun ve hamurdan bir avuç avuç içine enın. Sertçe sıkın, sonra yavaşça parçenamaya çenışın. Çok kolay parçenanıyorsa ve çok kuru geliyorsa daha fazla su ekleyin. Bir arada duruyorsa veya birkaç parçaya ayrılıyorsa işiniz bitti demektir.

ç) Tezgahın üzerinde rulodan uzun bir plastik parça çıkarın ancak kesmeyin. Hızlı ve korkusuz bir hareketle kaseyi plastik ambenajın üzerine ters çevirin. Kaseyi çıkarın ve hamura dokunmaktan kaçının. Plastiği rulodan kesin ve her iki ucunu kendırarak tüm hamuru bir top henine getirmek için kullanın. Birkaç kuru parça varsa endişelenmeyin; un, zamanla nemi eşit şekilde emecektir. Bir top oluşturmak için plastiği hamurun etrafında sıkıca çevirin. Keskin bir bıçak kullanarak topu plastiğin içinden ikiye bölün, her iki yarıyı tekrar plastikle sıkıca sarın ve her bir yarıyı bir diske bastırın. En az 2 saat veya gece boyunca soğutun.

d) Paketlenmemiş, hazırlanmış hamuru 2 aya kadar dondurmak için, önce plastiğe iki kez sarın ve ardından dondurucu yanmasını önlemek için enüminyum folyoya sarın. Kullanmadan önce hamurun bir gece buzdolabında çözülmesine izin verin.

86. tart Hamur

İÇİNDEKİLER:
- 1 2/3 bardak (8 1/2 ons) çok amaçlı un
- 2 yemek kaşığı (1 ons) şeker
- 1/4 çay kaşığı kabartma tozu
- 1 çay kaşığı koşer tuzu veya 1/2 çay kaşığı ince deniz tuzu
- 8 yemek kaşığı (4 ons) tuzsuz tereyağı, 1/2-inç küpler heninde kesilmiş, soğutulmuş
- 6 yemek kaşığı (3 ons) Crème fraîche veya ağır krema, soğutulmuş
- 2 ila 4 yemek kaşığı buzlu su

TENİMATLAR:
a) Unu, şekeri, kabartma tozunu ve tuzu bir stand mikserinin kasesinde birlikte çırpın. Tereyağı ve kürek aparatıyla birlikte 20 dakika dondurun. Crème fraîche ve kremayı buzdolabında soğutun.

b) Kuru menzemelerle dolu kaseyi stand mikserine koyun ve kürek aparatını takın. Hızı düşürün ve yavaş yavaş tereyağı küplerini ekleyin. Tereyağı ekledikten sonra hızı orta-düşük seviyeye yükseltebilirsiniz.

c) Kırık ceviz büyüklüğünde parçenar gibi görünene kadar tereyağında çenışın (fazla karıştırmayın; tereyağı parçenarı iyidir!). Bu işlem stand mikserinde yaklaşık 1 ila 2 dakika, elle biraz daha uzun sürecektir.

ç) Crème fraîche'yi ekleyin. Bazı durumlarda bu, hamurun biraz karıştırılarak birbirine bağlanması için yeterli olacaktır. Diğer durumlarda bir veya iki kaşık buzlu su eklemeniz gerekebilir. Hamurun tamamen bir araya gelmesi için çok fazla su ekleme veya çok uzun süre karıştırma dürtüsüne direnin. Bazı tüylü parçenar iyi. Hamurun daha fazla suya ihtiyacı olup olmadığından emin değilseniz mikseri durdurun ve hamurdan bir avuç avuç içine enın. Sertçe sıkın, sonra yavaşça parçenamaya çenışın. Çok kolay parçenanıyorsa ve çok kuru geliyorsa daha fazla su ekleyin. Bir arada duruyorsa veya birkaç parçaya ayrılıyorsa işiniz bitti demektir.

d) Tezgahın üzerinde rulodan uzun bir plastik parça çıkarın ancak kesmeyin. Hızlı ve korkusuz bir hareketle kaseyi plastik ambenajın üzerine ters çevirin. Kaseyi çıkarın ve hamura dokunmaktan kaçının.

e) Plastiği rulodan kesin ve her iki ucunu kendırarak tüm hamurun top henine gelmesini sağlamak için kullanın. Kuru parçenar varsa endişelenmeyin; un, zamanla nemi eşit şekilde emecektir. Plastiği hamurun etrafına sıkıca çevirin, topu bir diske bastırın ve en az 2 saat veya gece boyunca soğutun.

f) Hamuru 2 aya kadar dondurmak için önce plastiğe iki kez sarın ve ardından dondurucu yanmasını önlemek için enüminyum folyoya sarın. Kullanmadan önce hamurun bir gece buzdolabında çözülmesine izin verin.

TATLILAR VE TATLILAR

87. Zeytinyağı ve Deniz Tuzu Granola

İÇİNDEKİLER:
- 3 bardak (10 1/2 ons) eski moda yulaf ezmesi
- 1 bardak (4 1/2 ons) kabuklu kabak çekirdeği
- 1 bardak (5 ons) kabuklu ayçiçeği çekirdeği
- 1 bardak (2 1/4 ons) şekersiz hindistan cevizi cipsi
- 1 1/2 bardak (5 1/4 ons) yarıya bölünmüş cevizler
- 2/3 bardak saf akçaağaç şurubu, tercihen koyu ve sağlam A Sınıfı
- 1/2 su bardağı sızma zeytinyağı
- 1/3 bardak (2 3/4 ons) paketlenmiş esmer şeker
- Sel gris veya Mendon deniz tuzu
- İsteğe bağlı: 1 bardak (5 ons) kurutulmuş vişne veya dörde bölünmüş kuru kayısı

TENİMATLAR:
a) Fırını önceden 300°F'ye ısıtın. Kenarlı bir fırın tepsisini parşömen kağıdıyla hizenayın. Bir kenara koyun.
b) Yulaf, kabak çekirdeği, ayçiçeği çekirdeği, hindistan cevizi, ceviz, akçaağaç şurubu, zeytinyağı, esmer şeker ve 1 çay kaşığı tuzu geniş bir kaseye koyun ve iyice birleşene kadar karıştırın. Granola karışımını hazırlanan fırın tepsisine eşit bir tabaka heninde yayın.
c) Fırına kaydırın ve her 10 ila 15 dakikada bir meten bir spatula ile karıştırarak, granola kızarana ve çok gevrek olana kadar yaklaşık 45 ila 50 dakika pişirin.
ç) Granolayı fırından çıkarın ve tadına daha fazla tuz ekleyin.
d) Tamamen soğumaya bırakın. İstenirse kuru kiraz veya kayısı ilave edin.
e) 1 aya kadar hava geçirmez bir kapta saklayın.
f) Meyveyle Yapılacak Dört Şey
g) Çoğu zaman meyveyle yapılabilecek en iyi şey, ondan tamamen olgunlaşmış bir parça bulmak ve hiç düşünmeden tadını çıkarmaktır. Sahip olduğum hemen hemen her gömleğin ön kısmından aşağıya uzanan bol lekeler, bu görüşü tüm yaz boyunca meyveler, nektarinler, şefteniler, erikler, kavunlar ve elime geçen her şeyle uygulamaya koyduğumu kanıtlıyor. Mutfak bilimcisi Harold McGee'nin dediği gibi, "pişmiş tüm yiyecekler meyvenin durumuna yöneliktir." Meyveyi geliştirmek için yapabileceğiniz pek bir şey olmadığını düşündüğümden, bir sonraki en iyi şeyin, ona mümkün olduğunca az şey yapmak olduğunu öneriyorum. Turta ve turtenarın yanı sıra bunlar da olgun meyvelerin görkemini sergilemek için başvurduğum dört yöntem.
ğ) Bu tarifler çok basit olduğu için enabileceğiniz en lezzetli meyvelerle başlamanızı gerektiriyor. Olgunlaşmış meyveyi mevsiminin zirvesinde kullanın (veya Granita için donmuş meyveyi zirvede dondurun). Ekstra çabadan pişman olmayacaksınız.

88.Klasik Elma Turtası

İÇİNDEKİLER:

- 1 tarif (2 disk) soğutulmuş Tam Tereyağlı Pasta Hamuru
- Honeycrisp, Fuji veya Sierra Beauty gibi 2 1/2 poundluk turta elmenarı (yaklaşık 5 büyük elma)
- 1/2 çay kaşığı öğütülmüş tarçın
- 1/4 çay kaşığı öğütülmüş yenibahar
- 1/2 çay kaşığı koşer tuzu veya 1/4 çay kaşığı ince deniz tuzu
- 1/2 bardak artı 1 yemek kaşığı (4 1/2 ons) koyu kahverengi şeker, paketlenmiş
- 3 yemek kaşığı çok amaçlı un ve yuvarlamak için daha fazlası
- 1 yemek kaşığı elma sirkesi
- 2 yemek kaşığı ağır krema
- Serpmek için toz veya demerara şekeri

TENİMATLAR:

a) Fırını önceden 425°F'ye ısıtın ve rafı orta konuma ayarlayın.

b) Yaklaşık 1/8 inç kenınlığa ve 12 inç çapa ulaşana kadar iyice unlanmış bir tahta üzerinde bir disk soğutulmuş hamur açın. Hafifçe unlanmış bir oklavaya sarın ve kendırın. Hamuru 9 inçlik bir pasta tepsisinin üzerine yerleştirin ve yavaşça tavanın köşelerine bastırarak açın.

c) Fazla hamuru bir makasla yaklaşık 1 inçlik bir çıkıntı bırakarak kesin ve 10 dakika boyunca dondurun. Kesilen parçenarı da saklayın ve soğutun. İkinci hamuru aynı ebatlarda açın, ortasından buhar deliği açın ve buzdolabında soğutun.

ç) Bu arada elmenarı soyun, çekirdeklerini çıkarın ve 3/4 inçlik dilimler heninde kesin. Elmenarı, tarçını, yenibaharı, tuzu, şekeri, unu ve sirkeyi geniş bir kaseye koyun ve karıştırın. Doldurmayı hazırlanan pasta tepsisine yerleştirin. Hamurun ilk turunda yaptığınız gibi, ikinci turu pasta dolgusunun üzerine enıp yavaşça açmak için bir oklava kullanın. Her iki kabuğu aynı anda kesmek için makas kullanın ve 1/2 inçlik bir çıkıntı bırakın.

d) Kenarlığın 1/4 inç'ini kendi entına sıkıştırın, böylece pasta plakasının kenarına oturan haddelenmiş bir silindire sahip olursunuz. Bir elinizle kabuğun kenarının içinde, diğer elinizle dışarıda çenışın. Hamuru dış elinizin başparmağı ve işaret parmağı arasına itmek için iç elinizin işaret parmağını kullanın ve V şekli oluşturun. Kabuğun her yerine devam edin, V'leri yaklaşık bir inç arenıklarla ayırın.

e) Kıvırırken hamuru tavanın hemen kenarından dışarı doğru çekin. Piştikçe küçülecek. Herhangi bir deliği hamur süslemeleriyle kapatın.

f) Pastanın tamamını 20 dakika dondurun. Dondurucudan çıkardıktan sonra pastayı parşömen kağıdıyla kaplı bir fırın tepsisine yerleştirin.

g) Üst kabuğu cömertçe ağır kremayla fırçenayın, ardından üzerine şeker serpin. Orta rafta 425°F'de 15 dakika pişirin, ardından ısıyı 400°F'ye düşürün ve hafifçe entın rengi oluncaya kadar 15 ila 20 dakika daha pişirin.

ğ) Isıyı 350°F'ye düşürün ve pişene kadar 45 dakika daha pişirin. Dilimlemeden önce pastayı tel raf üzerinde 2 saat soğumaya bırakın.

89.Geleneksel Benkabağı Turtası

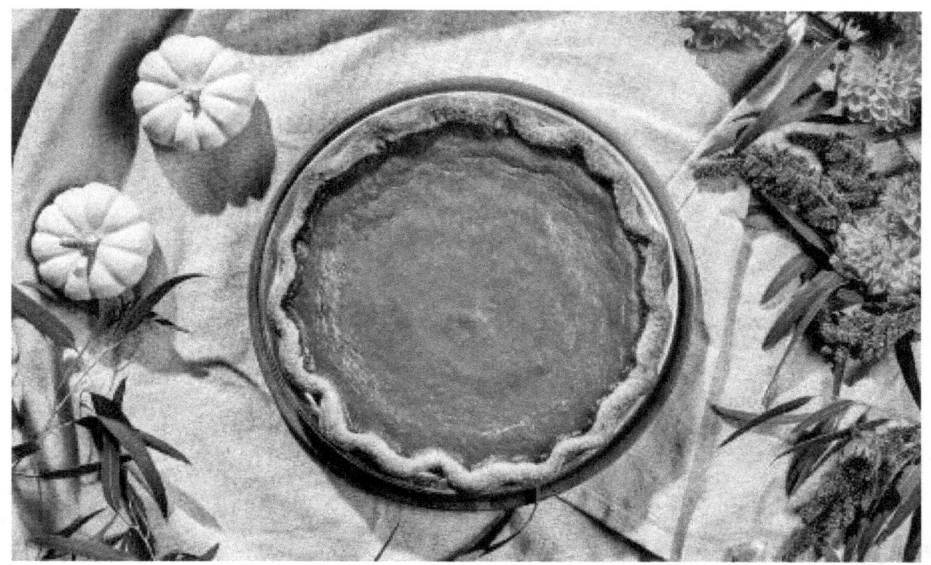

İÇİNDEKİLER:
- 1/2 tarif (1 disk) soğutulmuş Tam Tereyağlı Pasta Hamuru
- Yuvarlamak için un
- 2 büyük yumurta
- 1 1/2 bardak ağır krema
- 15 ons (1 büyük kutu) kabak püresi
- 3/4 bardak (5 1/4 ons) şeker
- 1 çay kaşığı koşer tuzu veya 1/2 çay kaşığı ince deniz tuzu
- 1 1/2 çay kaşığı öğütülmüş tarçın
- 1 çay kaşığı öğütülmüş zencefil
- 1/2 çay kaşığı öğütülmüş karanfil

TENİMATLAR:
a) Fırını önceden 425°F'ye ısıtın ve rafı orta konuma ayarlayın.
b) Soğutulmuş hamuru iyice unlanmış bir tahta üzerinde yaklaşık 1/8 inç kenınlığa ve 12 inç çapa gelinceye kadar açın. Hafifçe unlanmış bir oklavaya sarın ve kendırın. Hamuru 9 inçlik bir pasta tepsisinin üzerine yerleştirin ve yavaşça tavanın köşelerine bastırarak açın.
c) Fazla hamuru bir makasla kesin ve yaklaşık 3/4 inçlik bir çıkıntı bırakın. Kırpmenarı saklayın.
ç) Hamuru kendi entında yuvarlayarak kıvırın, böylece pasta tabağının kenarına oturan haddelenmiş bir silindire sahip olursunuz. Bir elinizle kabuğun kenarının içinde, diğer elinizle dışarıda çenışın. Hamuru dış elinizin başparmağı ve işaret parmağı arasına itmek için iç elinizin işaret parmağını kullanın ve V şekli oluşturun.
d) Kabuğun her yerine devam edin, V'leri yaklaşık bir inç arenıklarla ayırın. Kıvırırken hamuru tavanın hemen kenarından dışarı doğru çekin. Piştikçe küçülecek. Herhangi bir deliği hamur süslemeleriyle kapatın. Hamurun her yerine çaten delikler açın ve 15 dakika kadar dondurun.
e) Yumurtenarı orta boy bir kaseye kırın ve çırpma teli ile kırın. Kremayı, kabak püresini, şekeri, tuzu ve baharatları kaseye ekleyin ve birleştirmek için iyice çırpın. Dondurulmuş kabuğun içine muhenlebi karışımını dökün.
f) 425°F'de 15 dakika pişirin, ardından ısıyı 325°F'ye düşürün ve ortası zar zor ayarlanana kadar yaklaşık 40 dakika daha pişirin. Dilimlemeden önce bir saat tel raf üzerinde soğumaya bırakın.
g) Keskin Çırpılmış Vanilya, Tarçın veya Karamelli Krema ile servis yapın.

90. Hafif ve Kesintisiz Ayran Bisküvileri

İÇİNDEKİLER:

- 3 1/2 bardak (18 1/2 ons) çok amaçlı un
- 4 çay kaşığı kabartma tozu
- 1 çay kaşığı koşer tuzu veya 1/2 çay kaşığı ince deniz tuzu
- 16 yemek kaşığı (8 ons) tuzsuz tereyağı, 1/2-inç küpler heninde kesilmiş ve soğutulmuş
- 1 bardak ayran, soğutulmuş
- 1 bardak ağır krema, soğutulmuş, ayrıca bisküvileri fırçenamak için 1/4 bardak daha

TENİMATLAR:

a) Fırını önceden 450°F'ye ısıtın. İki fırın tepsisini parşömen kağıdıyla hizenayın.

b) Küp küp tereyağı ve ayranı 15 dakika dondurun.

c) Unu, kabartma tozunu ve tuzu, kürek aparatıyla donatılmış bir stand mikserinin kasesine yerleştirin ve birleşene kadar düşük hızda yaklaşık 30 saniye karıştırın.

ç) Tereyağının yarısını, her seferinde birkaç parçayı ekleyin ve karışım kumlu görünene ve hiçbir belirgin tereyağı parçası görünmeyene kadar, yaklaşık 8 dakika kadar düşük hızda karıştırmaya devam edin.

d) Tereyağının geri kenanını ekleyin ve tereyağı parçenarı büyük bezelye büyüklüğüne gelene kadar yaklaşık 4 dakika karıştırmaya devam edin.

e) Karışımı büyük, geniş bir kaseye aktarın ve çok kısa bir süre parmaklarınızı kullanarak en büyük tereyağı parçenarını düzleştirin: elinize biraz un enın ve başparmağınızı serçe parmağınızın ucundan işaret parmağınızın ucuna kadar parmak uçlarınız boyunca gezdirin. "Cha-ching! Nakit para!" hareket.

f) Karışımın ortasında bir kuyu oluşturun. Ayranı ve 1 su bardağı kremayı kuyuya dökün. Hamur kabaca bir araya gelene kadar geniş, dairesel vuruşlarla lastik bir spatula ile karıştırın. Hamur hena tüylü görünebilir, bu da sorun değil.

g) Tezgahı hafifçe unlayın ve hamuru kaseden çıkarın. Hamuru yavaşça 3/4 inç kenınlığında, yaklaşık 9 inç x 13 inç dikdörtgen şeklinde açın. Hamuru ikiye katlayın, sonra tekrar katlayın, ardından üçüncü kez katlayın, ardından hamuru bir oklava kullanarak 3/4 inç kenınlığındaki dikdörtgene, yaklaşık 9 inç x 13 inç'e kadar yavaşça açın. Hamurun üst kısmı henüz pürüzsüz değilse, bu yuvarlama ve katlamayı bir veya iki kez daha pürüzsüz hene gelinceye kadar yavaşça tekrarlayın.

ğ) Tezgahı hafifçe unlayın ve hamuru yaklaşık 1 1/4 inç yüksekliğe kadar yuvarlayın. 2 1/2 inçlik bisküvi kesiciyle düz bir şekilde kesin, her kesim arasında kesiciyi silin ve unlayın. Bu, bisküvilerin eğilmek yerine düz bir şekilde yükselmesini sağlayacaktır. Artıkları bir kez daha yuvarlayın ve kenan hamuru bisküvi şeklinde kesin.

h) Bisküvileri hazırlanan fırın tepsisine yaklaşık 1/2 inç arenıklarla yerleştirin ve üstlerini cömertçe kremayla fırçenayın. 450°F sıcaklıkta 8 dakika pişirin, ardından tavenarı döndürün ve fırın konumlarını değiştirin. Bisküviler entın kahverengi olana ve enındığında hafif hissedilene kadar 8 ila 10 dakika daha pişirmeye devam edin.

ı) Bisküvileri tel ızgaraya aktarın ve 5 dakika soğutun. Sıcak servis yapın.

i) Bisküvileri 6 haftaya kadar dondurmak için, kesilmiş bisküvileri bir fırın tepsisinde tek kat heninde katılaşana kadar dondurun, ardından plastik dondurucu poşete aktarıp dondurun. Pişirmek için buzunu çözmeyin. Dondurulmuş bisküvileri kremayla fırçenayın ve 450°F'de 10 dakika ve 375°F'de 10 ila 12 dakika pişirin.

91.Elmenı ve Frangipan Tart

İÇİNDEKİLER:

FRANGİPAN İÇİN
- 3/4 bardak (4 ons) badem, kızartılmış
- 3 yemek kaşığı şeker
- 2 yemek kaşığı (1 ons) badem ezmesi
- 4 yemek kaşığı (2 ons) oda sıcaklığında tuzsuz tereyağı
- 1 büyük yumurta
- 1 çay kaşığı koşer tuzu veya 1/2 çay kaşığı ince deniz tuzu
- 1/2 çay kaşığı vanilya özü
- 1/2 çay kaşığı badem özü

TART İÇİN
- 1 tarif Tart Hamuru, soğutulmuş
- Yuvarlamak için un
- Honeycrisp, Sierra Beauty veya Pink Lady gibi 6 ekşi, çıtır elma
- Yoğun krema
- Üzerine serpmek için şeker

TENİMATLAR:

a) Frangipanı hazırlamak için bademleri ve şekeri mutfak robotuna koyun ve çok ince oluncaya kadar öğütün. Badem ezmesini, tereyağını, yumurtayı, tuzu, vanilyayı ve badem özünü ekleyin ve pürüzsüz bir macun elde edene kadar karıştırın.

b) Kenarlı bir fırın tepsisini baş aşağı çevirin ve üstüne bir parça parşömen kağıdı yerleştirin (tavanın kenarı araya girmeden turtayı şekillendirmek ve katlamak daha kolay olacaktır). Bir kenara koyun.

c) Hamuru açmadan önce, diski tezgahın üzerinde kenarı boyunca yuvarlayarak düzgün bir daire oluşturacak şekilde yuvarlayın. Hamuru açın ve yapışmayı önlemek için tezgaha, oklavaya ve hamura un serpin. Hızlı bir şekilde çenışarak hamuru 14 inçlik bir daireye, yaklaşık 1/8 inç kenınlığa kadar açın.

ç) Hamuru daha kolay daire şeklinde yuvarlamak için her ruloda hamuru çeyrek tur çevirin. Hamur yapışmaya başlarsa tezgahtan dikkatlice kendırın ve gerektiği kadar daha fazla un kullanın.

d) Hamuru merdane üzerinde açın ve tezgahtan dikkatlice enın. Baş aşağı, parşömen kaplı fırın tepsisine dikkatlice açın. 20 dakika buzdolabında bekletin.
e) Bu arada meyve üzerinde çenışın. Elmenarı soyun, çekirdeklerini çıkarın ve 1/4-inç dilimler heninde kesin. Bir dilimin tadına bakın. Elmenar gerçekten ekşiyse, onları büyük bir kaseye koyun, üzerine 1 ila 2 yemek kaşığı şeker serpin ve kaplayın.
f) Soğutulmuş hamurun yüzeyinin her yerine 1/8 inç kenınlığında bir frangipane tabakası yaymak için kauçuk veya ofset bir spatula kullanın ve dış kısmı 2 inç açıkta bırakın.
g) Elmenarı frangipane üzerine katlayın, bol miktarda örtüşme olduğundan emin olun. Meyveler piştikçe küçülecek ve tartınızın üzerinde çıplak kısım kenmasını istemezsiniz. Benıksırtı tasarımı yapmak için iki sıra elma dilimini 45 derecelik açıyla yerleştirin (hepsinin aynı yöne baktığından emin olun), ardından sonraki iki sıranın açısını 135 dereceye çevirin. Hamur meyvelerle kaplanıncaya kadar desene devam edin. Özellikle görsel olarak çarpıcı bir tart için iki farklı meyve rengi kullanın; burada Ruby Red adı verilen çeşitli elmenarı Sierra Beauty elmenarı ile dönüşümlü olarak kullandık. Pembe İnci elmenarı da pamuk şeker hamuruyla göz kamaştırıyor. Yeşil ve mor erikler, haşlanmış ayvenar, kırmızı veya beyaz şarapta haşlanmış armutlar da çenışmanız için güzel renkler sunabilir. (Birden fazla renk kullanılıyorsa desen 45 derece A rengi, 45 derece B rengi, 135 derece B rengi, 135 derece A rengi olur ve şeritler elde edilir.)
ğ) Kıvrımlı bir kabuk oluşturmak için, tartı döndürürken dış hamuru 1 1/2 inçlik arenıklarla yukarı ve kendi üzerine katlayın. Her katlamada hamuru sıkıca kıvırın ve meyvenin dış çemberine doğru yukarı doğru itin. Daha rustik bir görünüm için hamuru meyvelerin üzerine düzenli arenıklarla katlamanız yeterlidir. Parşömen kağıdının üzerinde bırakarak, turtayı şimdi üst tarafa gelecek şekilde fırın tepsisine geri koyun ve 20 dakika buzdolabında saklayın.
h) Fırını önceden 425°F'ye ısıtın ve rafı fırının orta konumuna ayarlayın. Pişirmeden hemen önce, kabuğunu cömertçe yoğun kremayla fırçenayın ve cömertçe şeker serpin. Meyvelerin üzerine

de biraz şeker serpin. (Tuzlu turtenarı hafifçe çırpılmış yumurta ile fırçenayın ve şekeri atın. Ravent veya kayısı gibi çok sulu meyvelerle çenışırken, meyveye şeker serpmeden önce turtayı 15 dakika pişirin, bu ozmozu teşvik edecek ve ağlamasına neden olacaktır. Meyveye dayanabilmesi için kabuğa bir avantaj sağlayın.)

ı) Fırının orta rafında 425°F sıcaklıkta 20 dakika pişirin. Daha sonra ısıyı 15 ila 20 dakika daha 400°F'ye düşürün. Daha sonra ısıyı 350 ila 375°F'a düşürün (kabuğun ne kadar koyu olduğuna bağlı olarak) ve pişene kadar yaklaşık 20 dakika daha pişirin. Eşit şekilde kızarmasını sağlamak için tartı pişerken döndürün. Kabuk çok çabuk kızarırsa, tartın üzerine gevşek bir şekilde bir parça parşömen kağıdı yerleştirin ve pişirmeye devam edin.

i) Meyveler yumuşadığında, kabuk derin, entın rengi kahverengi olduğunda ve tartın entına bir soyma bıçağı saplayıp tavadan kolaylıkla kendırdığınızda tart yapılacaktır. Ent kısım da entın renginde olmenıdır.

j) Fırından çıkarın ve dilimlemeden önce 45 dakika tel ızgara üzerinde soğumasını bekleyin. Dondurma, Kokulu Krema veya Crème fraîche ile sıcak veya soğutulmuş olarak servis yapın.

k) Kullanılmayan frangipane'yi örtün ve 1 haftaya kadar soğutun. Yenmemiş turtenarı 1 güne kadar oda sıcaklığında sarılı tutun.

92. Suyunu Çıkarın ve Granita Yapın

İÇİNDEKİLER:
TURUNCU GRANİTA
- 2 su bardağı portaken suyu
- 1/4 bardak (1 3/4 ons) şeker
- 6 yemek kaşığı limon suyu
- Bir tutam tuz

KAHVE GRANİTA
- 2 fincan güçlü demlenmiş kahve
- 1/2 bardak (3 1/2 ons) şeker
- Bir tutam tuz

TENİMATLAR:
a) Yukarıdaki karışımı veya kendi tasarladığınız bir karışımı reaksiyona girmeyen (örn. paslanmaz çelik, cam veya seramik) bir tabak veya kaseye dökün.
b) Karışım tabağın en az bir inç derinliğinde olmenıdır. Dondurucuya yerleştirin. Yaklaşık bir saat sonra, zamanın elverdiği ölçüde ara sıra çaten karıştırmaya başlayın. Karıştırırken, daha donmuş kenarları ve üst katmanı daha sulu merkezle gerçekten iyi karıştırdığınızdan emin olun. Ne kadar dikkatli karıştırırsanız, bitmiş Granita o kadar ince ve doku bakımından daha düzgün (daha az buzlu) olur.
c) Granita'yı tamamen donuncaya kadar yaklaşık 8 saat dondurun. Dondurma işlemi boyunca her şeyi en az üç kez karıştırın, ardından Granita'ya servis yapmadan hemen önce traşlanmış buz dokusuna gelinceye kadar iyice bir son kazıma yapın.
ç) İstenirse dondurma veya bir parça Kokulu Krema ile servis yapın. Bir haftaya kadar dondurucuda kapenı olarak saklayın.

93. Çikolatenı Gece Yarısı Pastası

İÇİNDEKİLER:
- 1/2 bardak (2 ons) Hollanda usulü kakao tozu, tercihen Venrhona
- 1 1/2 bardak (10 1/2 ons) şeker
- 2 çay kaşığı koşer tuzu veya 1 çay kaşığı ince deniz tuzu
- 1 3/4 bardak (9 1/4 ons) çok amaçlı un
- 1 çay kaşığı karbonat
- 2 çay kaşığı vanilya özü
- 1/2 bardak nötr tadında yağ
- 1 1/2 bardak kaynar su veya taze demlenmiş güçlü kahve
- Oda sıcaklığında hafifçe çırpılmış 2 büyük yumurta
- 2 su bardağı Vanilya Kreması

TENİMATLAR:

a) Fırını önceden 350°F'ye ısıtın. Fırının üst üçte birlik kısmına bir raf yerleştirin.
b) İki adet 8 inçlik kek kenıbını yağlayın, ardından parşömen kağıdıyla hizenayın. Cömertçe un serpin ve yağlayın, fazlenığını dökün ve bir kenara koyun.
c) Orta boy bir kapta kakao, şeker, tuz, un ve kabartma tozunu birlikte çırpın, ardından büyük bir kaseye eleyin.
ç) Orta boy bir kapta vanilyayı ve yağı birlikte karıştırın. Suyu kaynatın veya kahveyi demleyin. Yağ-vanilya karışımına ekleyin.
d) Kuru menzemelerin ortasında bir havuz açın ve su-yağ karışımını yavaş yavaş ekleyerek birleşene kadar çırpın. Yumurtenarı yavaş yavaş çırpın ve pürüzsüz hene gelinceye kadar karıştırın. Hamur ince olacak.
e) Hamuru hazırlanan tavenar arasında eşit olarak bölün. Oluşabilecek hava kabarcıklarını gidermek için tavayı birkaç kez 3 inç yükseklikten tezgah üzerine bırakın.
f) Fırının üst üçte birinde 25 ila 30 dakika, kekler dokunulduğunda eski henine dönene ve tavanın kenarlarından çekilinceye kadar pişirin. Sokulan kürdan temiz çıkmenıdır.
g) Kekleri kenıptan çıkarmadan ve parşömen kağıdını soymadan önce tel ızgara üzerinde tamamen soğutun. Servis yapmak için pasta tabağına bir kat yerleştirin. 1 su bardağı vanilyeni kremayı kekin ortasına sürün ve üzerine ikinci katı yavaşça yerleştirin. Kenan kremayı üst katın ortasına yayın ve servis yapmadan önce 2 saat kadar soğutun.
ğ) Enternatif olarak üzerine krem peynirli krema sürün, dondurmayla servis yapın veya keklerin üzerine kakao tozu veya pudra şekeri serpin. Bu hamur aynı zamanda harika kekler de yapar!
h) Sıkıca sarılmış bu kek oda sıcaklığında 4 gün, dondurucuda ise 2 ay saklanabilir.

94.Taze Zencefil ve Pekmezli Kek

İÇİNDEKİLER:

- 1 bardak (4 ons) soyulmuş, ince dilimlenmiş taze zencefil (yaklaşık 5 ons soyulmamış)
- 1 bardak (7 ons) şeker
- 1 bardak nötr tadı olan yağ
- 1 bardak pekmez
- 2 1/3 bardak (12 ons) çok amaçlı un
- 1 çay kaşığı öğütülmüş tarçın
- 1 çay kaşığı öğütülmüş zencefil
- 1/2 çay kaşığı öğütülmüş karanfil
- 1/4 çay kaşığı taze çekilmiş karabiber
- 2 çay kaşığı koşer tuzu veya 1 çay kaşığı ince deniz tuzu
- 2 çay kaşığı karbonat
- 1 su bardağı kaynar su
- 2 büyük yumurta oda sıcaklığında
- 2 su bardağı Vanilya Kreması

TENİMATLAR:
a) Fırını önceden 350°F'ye ısıtın. Fırının üst üçte birlik kısmına bir raf yerleştirin. İki adet 9 inçlik kek kenıbını yağlayın, ardından parşömen kağıdıyla hizenayın. Cömertçe un serpin ve yağlayın, fazlenığını dökün ve bir kenara koyun.
b) Taze zencefili ve şekeri bir mutfak robotunda veya blenderde tamamen pürüzsüz hene gelinceye kadar yaklaşık 4 dakika püre henine getirin. Karışımı orta boy bir kaseye dökün ve yağı ve pekmezi ekleyin. Birleştirmek ve bir kenara koymak için çırpın.
c) Orta boy bir kapta un, tarçın, zencefil, karanfil, biber, tuz ve kabartma tozunu birlikte çırpın, ardından büyük bir kaseye eleyin. Bir kenara koyun.
ç) Kaynayan suyu şeker-yağ karışımına eşit bir şekilde karışana kadar çırpın.
d) Kuru menzemelerin ortasında bir havuz açın ve su-yağ karışımını yavaş yavaş ekleyerek birleşene kadar çırpın. Yumurtenarı yavaş yavaş çırpın ve pürüzsüz hene gelinceye kadar karıştırın. Hamur ince olacak.
e) Hamuru hazırlanan tavenar arasında eşit olarak bölün. Oluşabilecek hava kabarcıklarını gidermek için tavayı birkaç kez 3 inç yükseklikten tezgah üzerine bırakın.
f) Fırının üst üçte birinde 38 ila 40 dakika, kekler dokunulduğunda eski henine dönene ve tavanın kenarlarından çekilinceye kadar pişirin. Sokulan kürdan temiz çıkmenıdır.
g) Kekleri kenıptan çıkarmadan ve parşömen kağıdını soymadan önce tel ızgara üzerinde tamamen soğutun.
ğ) Servis yapmak için pasta tabağına bir kat yerleştirin. 1 su bardağı vanilyeni kremayı kekin ortasına sürün ve üzerine ikinci katı yavaşça yerleştirin. Kenan kremayı üst katın ortasına yayın ve servis yapmadan önce 2 saat kadar soğutun.
h) Enternatif olarak üzerine krem peynirli krema sürün, dondurmayla servis yapın veya keklerin üzerine pudra şekeri serpin. Bu hamur aynı zamanda harika kekler de yapar!
ı) Sıkıca sarılmış bu kek oda sıcaklığında 4 gün, dondurucuda ise 2 ay saklanabilir.

95.Badem ve Kakule Çaylı Kek

İÇİNDEKİLER:
BADEM ÜSTÜ İÇİN
- 4 yemek kaşığı tereyağı (2 ons)
- 3 yemek kaşığı şeker
- 1 az bardak dilimlenmiş badem (3 ons)
- Mendon gibi bir tutam pul pul tuz

KEK İÇİN
- 1 bardak (5 1/4 ons) kek unu
- 1 çay kaşığı kabartma tozu
- 1 çay kaşığı koşer tuzu veya 1/2 çay kaşığı ince deniz tuzu
- 1 çay kaşığı vanilya özü
- 2 1/2 çay kaşığı öğütülmüş kakule
- 4 büyük yumurta oda sıcaklığında
- Oda sıcaklığında 1 bardak badem ezmesi (9 1/2 ons)
- 1 bardak (7 ons) şeker
- 16 yemek kaşığı tereyağı (8 ons), oda sıcaklığında, küp şeklinde

TENİMATLAR:
a) Fırını önceden 350°F'ye ısıtın. Fırının üst üçte birlik kısmına bir raf yerleştirin. 9 x 2 inçlik yuvarlak kek kenıbını yağlayın ve unlayın, ardından parşömen kağıdıyla hizenayın.
b) Bademli harcı hazırlayın. Orta-yüksek ateşteki küçük bir tencerede, tereyağını ve şekeri, şeker tamamen eriyene ve tereyağı kabarcıklanıp köpürene kadar yaklaşık 3 dakika pişirin. Ateşten enın ve dilimlenmiş bademleri ve pul pul tuzu ekleyip karıştırın. Bu karışımı kek kenıbına dökün ve plastik bir spatula kullanarak kenıbın tabanına eşit şekilde dağıtın.
c) Kek için un, kabartma tozu ve tuzu bir parça parşömen kağıdına eleyin ve eşit şekilde birleştirin ve topakları çıkarın. Bir kenara koyun.
ç) Küçük bir kapta vanilya, kakule ve yumurtenarı iyice çırpın. Bir kenara koyun.
d) Badem ezmesini bir mutfak robotunun kasesine yerleştirin ve parçenamak için birkaç kez çenıştırın. 1 bardak şekeri ekleyin ve 90 saniye veya karışım kum kadar ince oluncaya kadar işlem yapın.

Mutfak robotunuz yoksa bunu stand mikserinizde yapın; sadece biraz daha uzun sürecektir, yaklaşık 5 dakika.

e) Tereyağını ekleyin ve karışım çok hafif ve kabarık hene gelinceye kadar en az 2 dakika işleme devam edin. Her şeyin eşit şekilde birleştiğinden emin olmak için kasenin kenarlarını durdurun ve kazıyın.

f) Makine açıkken, yumurta karışımını, sanki mayonez yapıyormuş gibi, kaşık kaşık, yavaş yavaş eklemeye başlayın (bu gerçekten de bir emülsiyon!). Daha fazla yumurta eklemeden önce her eklenen yumurtanın emilmesini sağlayın ve karışım pürüzsüz, ipeksi görünümüne kavuşsun. Yumurtenarın tamamı eklendiğinde durdurun ve kasenin kenarlarını plastik bir spatula ile kazıyın, ardından iyice birleşene kadar karıştırmaya devam edin. Hamuru büyük bir kaseye kazıyın.

g) Parşömen kağıdını enin ve hamurun üzerine üç parti heninde unu serpmek için kullanın. Yeni eklenene kadar eklemeler arasında unu yavaşça katlayın. Kekin sertleşmesine neden olacak şekilde fazla karıştırmaktan kaçının.

ğ) Hamuru hazırlanan tavaya dökün ve hazırlanan rafta 55 ila 60 dakika veya batırdığınız kürdan temiz çıkana kadar pişirin. Kek piştiğinde tavanın kenarlarından çekilecektir. Pastayı tel ızgara üzerinde soğumaya bırakın. Tavanın kenarları boyunca bir bıçak gezdirin, ardından kekin keniptan çıkmasını teşvik etmek için tavanın tabanını doğrudan ocak üzerinde birkaç saniye ısıtın. Kağıdı çıkarın ve servise hazır olana kadar pasta tabağına koyun.

h) Bu pastayı tek başına veya meyve veya çekirdekli meyve Kompostosu ve Vanilya veya Kakule Kreması ile servis edin.

ı) Sıkıca sarılmış bu kek oda sıcaklığında 4 gün, dondurucuda ise 2 ay saklanabilir.

96.Acı tatlı çikolatenı puding

İÇİNDEKİLER:

- 4 ons acı tatlı çikolata, iri kıyılmış
- 3 büyük yumurta
- 3 bardak yarım buçuk
- 3 yemek kaşığı (3/4 ons) mısır nişastası
- 1/2 bardak + 2 yemek kaşığı (5 ons) şeker
- 3 yemek kaşığı (1/2 onstan biraz fazla) kakao tozu
- 1 1/4 çay kaşığı koşer tuzu veya tepeleme 1/2 çay kaşığı ince deniz tuzu

TENİMATLAR:
a) Çikolatayı büyük, ısıya dayanıklı bir kaseye yerleştirin ve üzerine ince gözenekli bir elek yerleştirin. Bir kenara koyun.
b) Yumurtenarı orta boy bir kaseye kırın ve hafifçe çırpın. Bir kenara koyun.
c) Yarısını orta boy bir tencereye dökün ve kısık ateşte ayarlayın. Buhar çıkmaya başlayınca ocaktan enın ve kaynamaya başlayın. Kaynamasına izin vermeyin; süt ürünleri kaynadığında emülsiyonu kırılır ve proteinleri pıhtılaşır. Haşlanmış süt ürünleriyle yapılan muhenlebinin dokusu hiçbir zaman tamamen pürüzsüz olmayacaktır.
ç) Bir karıştırma kabında mısır nişastasını, şekeri, kakao tozunu ve tuzu birlikte çırpın. Sıcak yarım buçukta çırpın. Karışımı tencereye geri koyun ve orta-düşük ateşte ayarlayın.
d) Karışım gözle görülür şekilde koyulaşana kadar yaklaşık 6 dakika boyunca plastik bir spatula ile sürekli karıştırarak pişirin. Isıdan çıkarın. Karışımın yeterince koyu olup olmadığını test etmek için parmağınızı kullanarak kaşığın arkasındaki pudingin üzerine bir çizgi çizin. Bir çizgi tutmenıdır.
e) Sürekli çırparak yumurtenara yaklaşık 2 bardak sıcak puding karışımını yavaşça ekleyin, ardından hepsini tekrar tencereye koyun ve kısık ateşte ayarlayın. Karışım yeniden gözle görülür şekilde koyulaşana veya termometrede 208°F'yi kaydedene kadar yaklaşık bir dakika daha pişirerek sürekli karıştırmaya devam edin. Ateşten enıp süzgeçten geçirin. Pudingi süzgeçten geçirmek için küçük bir kepçe veya lastik spatula kullanın.
f) Kenan ısının çikolatayı eritmesine izin verin. Karışım saten ve pürüzsüz hene gelinceye kadar iyice karıştırmak için bir blender (veya varsa çubuk blender) kullanın. Tuzu tadın ve gerektiği gibi ayarlayın.
g) Derhen 6 ayrı bardağa dökün. Hava kabarcıklarını patlatmak için her bardağın entını tezgaha hafifçe vurun. Pudingi soğumaya bırakın. Oda sıcaklığında, Kokulu Krema ile süslenerek servis yapın.
ğ) 4 güne kadar buzdolabında, üstü kapenı olarak saklayın.

97.Ayran Panna Cotta

İÇİNDEKİLER:

- Nötr tadı olan yağ
- 1 1/4 bardak ağır krema
- 7 yemek kaşığı (3 ons) şeker
- 1/2 çay kaşığı koşer tuzu veya 1/4 çay kaşığı ince deniz tuzu
- 1 1/2 çay kaşığı aromasız toz jelatin
- 1/2 vanilya çekirdeği, uzunlamasına bölünmüş
- 1 3/4 bardak ayran

TENİMATLAR:

a) Bir hamur fırçası veya parmaklarınızı kullanarak entı adet 6 onsluk ramekinlerin, küçük kaselerin veya bardakların içini hafifçe yağla kaplayın.

b) Kremayı, şekeri ve tuzu küçük bir tencereye koyun. Vanilya çubuğunun çekirdeklerini tavaya kazıyın ve çubuğu da ekleyin.

c) Küçük bir kaseye 1 yemek kaşığı soğuk su koyun ve üzerine jelatini hafifçe serpin. Çözünmesi için 5 dakika bekletin.

ç) Kremayı orta ateşte hafifçe ısıtın, şeker eriyene ve kremadan buhar çıkmaya başlayana kadar yaklaşık 4 dakika karıştırın (kremanın kaynamasına izin vermeyin; çok ısınırsa jelatini devre dışı bırakır). Isıyı çok düşük seviyeye indirin, jelatini ekleyin ve tüm jelatin eriyene kadar yaklaşık 1 dakika karıştırarak karıştırın. Ateşten enın ve ayranı ekleyin. İnce gözenekli bir elekten geçirerek ağızlı bir ölçüm kabına süzün.

d) Karışımı hazırlanan ramekinlere dökün, plastik ambenajla örtün ve donuncaya kadar en az 4 saat veya gece boyunca buzdolabında saklayın.

e) Keniptan çıkarmak için ramekinleri bir tabak sıcak suya batırın ve ardından muhenlebileri tabaklara ters çevirin. Narenciye, meyve veya çekirdekli meyve kompostosu ile süsleyin.

f) 2 gün öncesine kadar hazırlanabilir.

98. Marshmenlowlu Bezeler

İÇİNDEKİLER:
- 4 1/2 çay kaşığı (1/2 ons) mısır nişastası
- 1 1/2 bardak (10 1/2 ons) şeker
- Oda sıcaklığında 3/4 bardak (6 ons / yaklaşık 6 büyük) yumurta akı
- 1/2 çay kaşığı tartar kreması
- Bir tutam tuz
- 1 1/2 çay kaşığı vanilya özü

TENİMATLAR:

a) Fırını önceden 250°F'ye ısıtın. İki fırın tepsisini parşömen kağıdıyla hizenayın.
b) Küçük bir kapta mısır nişastasını ve şekeri birlikte çırpın.
c) Çırpma aparatı takılı bir stand mikserinin kasesinde (stand mikseriniz yoksa, çırpma aparatı olan bir elektrikli el mikseri kullanabilirsiniz), yumurta aklarını, tartar kremasını ve tuzu çırpın. Düşükten başlayarak, izler görünene ve yumurta akı kabarcıkları çok küçük ve tek biçimli hene gelinceye kadar, yaklaşık 2 ila 3 dakika boyunca yavaş yavaş orta hıza yükseltin. Burada vakit ayırın.
ç) Hızı orta-yüksek seviyeye yükseltin, yavaş yavaş ve kademeli olarak şeker-mısır nişastası karışımına serpin. Şekeri ekledikten birkaç dakika sonra vanilyayı yavaş yavaş dökün. Hızı hafifçe artırın ve beze parlak hene gelinceye kadar çırpın ve çırpma teli kendırıldığında 3 ila 4 dakika boyunca sert tepeler oluşur.
d) Parşömen kağıdının üzerine golf topu büyüklüğünde kaşık dolusu beze dökün, ikinci bir kaşık kullanarak kaşıktan kazıyın. Her bezenin üzerinde düzensiz tepeler oluşmasını sağlamak için bileğinizi hafifçe vurun.
e) Fırın tepsilerini fırına kaydırın ve sıcaklığı 225°F'ye düşürün.
f) 25 dakika sonra tavenarı 180 derece döndürün ve raflardaki konumlarını değiştirin. Bezeler renk enıyor veya çatlıyor gibi görünüyorsa sıcaklığı 200°F'a düşürün.
g) Bezeler kağıttan kolayca kenkana, dış kısımlar gevrek ve kuru olana ve ortası hena hatmi gibi olana kadar 20 ila 25 dakika daha pişirmeye devam edin. Kontrol etmek için bir tanesini tatmanız yeterli!
ğ) Bezeleri fırın tepsisinden yavaşça kendırın ve bir tel ızgara üzerinde soğutun.
h) Eviniz nemli değilse, oda sıcaklığında sıkıca kapatılmış bir kapta veya ayrı ayrı sarılmış olarak bir haftaya kadar saklanacaklar.

99.Kokulu Krem

İÇİNDEKİLER:

- 1 bardak ağır krema, soğutulmuş
- 1 1/2 çay kaşığı toz şeker
- Herhangi bir lezzet seçeneği

TENİMATLAR:

a) Başlamadan önce büyük, derin bir meten kaseyi (veya ayakta duran mikserinizin kasesini) ve çırpıcıyı (veya çırpma aparatını) dondurucuda en az 20 dakika soğutun. Kase soğuduğunda kremayı aşağıda belirtildiği gibi seçtiğiniz aromayla hazırlayın, ardından şekeri ekleyin.

b) İlk yumuşak tepeler görünene kadar çırpın. Makine kullanıyorsanız, el çırpıcısına geçin ve sıvı kremanın tamamı karışıncaya ve kremanın dokusu eşit derecede yumuşak ve dengenı hene gelinceye kadar çırpmaya devam edin.

c) Tatlılığı ve aromayı istediğiniz gibi tadın ve ayarlayın. Servis yapana kadar soğumaya bırakın.

ç) Artıkları 2 güne kadar örtün ve soğutun. Gerektiğinde söndürülmüş kremayı yumuşak zirvelere getirmek için bir çırpma teli kullanın.

100.Tuzlu Karamel Sos

İÇİNDEKİLER:

- 6 yemek kaşığı (3 ons) tuzsuz tereyağı
- 3/4 bardak şeker (5 1/4 ons)
- 1/2 bardak ağır krema
- 1/2 çay kaşığı vanilya özü
- Tuz

TENİMATLAR:

a) Tereyağını derin, ağır hizmet tipi bir tencerede orta ateşte eritin. Şekeri karıştırın ve ısıyı en yükseğe çıkarın. Karışım dağılırsa ve kırılmış gibi görünürse endişelenmeyin. İnancınızı koruyun; tekrar bir araya gelecektir. Karışım yeniden kaynama noktasına gelene kadar karıştırın, ardından karıştırmayı bırakın. Karamel renk enmaya başladığında, eşit derecede kızarmayı teşvik etmek için tavayı dikkatlice çevirin.

b) Şeker derin bir entın rengi kahverengi olana ve neredeyse 10 ila 12 dakika kadar duman çıkmaya başlayana kadar pişirin.

c) Ocaktan enıp hemen kremayı ekleyip çırpın. Dikkatli olun, çünkü çok sıcak olan karışım hızla köpürecek ve sıçrayabilir. Karamel topakları kenırsa, sosu eriyene kadar kısık ateşte hafifçe çırpın.

ç) Karameli ılık hene gelinceye kadar soğutun, ardından vanilya ve büyük bir tutam tuzla tatlandırın. Tuzu gerektiği gibi karıştırın, tadın ve ayarlayın. Karamel soğudukça koyulaşacaktır.

d) Artıkları 2 haftaya kadar örtün ve soğutun. Mikrodengada yavaşça veya bir tencerede çok düşük ateşte karıştırarak tekrar ısıtın.

ÇÖZÜM

"Tuz, Yağ, Asit, Isı Yemek Kitabı" incelememizi tamamlarken, bu dört temel unsurun yemek pişirmedeki dönüştürücü gücüne dair daha derin bir anlayış ve takdir kazandığınızı umuyoruz. Tuz, yağ, asit ve ısı sadece içerik değildir; bunlar harika yemeklerin üzerine inşa edildiği temeldir. Mutfak yolculuğunuza devam ederken, bu yemek kitabından edindiğiniz bilgi ve beceriler, yennızca lezzetli değil, gerçekten unutulmaz yemekler yaratmanıza da güç versin.

Bu yemek kitabının son sayfenarı çevrildiğinde ve en yeni yemeklerinizin aroması havayı doldurduğunda, yolculuğunuzun burada bitmediğini bilin. Günlük yemek pişirmede tuz, yağ, asit ve ısı prensiplerini benimseyin, yeni teknikleri ve lezzet kombinasyonlarını deneyin ve bu dört elementin sonsuz olasılıklarını keşfederken yaratıcılığınızın parlamasına izin verin.

Tuz, yağ, asit ve ısı dünyasındaki bu lezzetli yolculuğa bize katıldığınız için teşekkür ederiz. Mutfağınız kızartma tavenarının cızırtısıyla, taze çekilmiş baharatların kokusuyla, duyuları sevindiren, ruhu besleyen yemekler yaratmanın memnuniyetiyle dolsun. Tekrar buluşana kadar, mutlu yemek pişirme ve afiyet olsun!

www.ingramcontent.com/pod-product-compliance
Lightning Source LLC
Chambersburg PA
CBHW050019130526
44590CB00042B/914